719

LE LÉGISLATEUR MODERNE,
OU LES
MÉMOIRES
DU
CHEVALIER
DE
MEILLCOURT.

A AMSTERDAM,

M. DCC. XXXIX.

EPITRE DÉDICATOIRE AUX ANGLOIS.

Messieurs,

A qui pourrois-je offrir avec plus de raison un Livre, dont le but est de montrer les inconvéniens qui naissent de la superstition, & de la soumission servile que la plûpart des hommes ont pour des Imposteurs, qu'ils regardent

dent comme les Interprêtes des volontés de la Divinité ? Cette force d'esprit, cette fermeté d'ame, qui font le partage des plus illustres Personnages, & qui parmi bien des Nations sont presque inconnues, régnent chez la vôtre au plus haut degré. Vous vous êtes garantis jusqu'ici de subir le joug de ces Maximes odieuses, dont on a fait des Loix fondamentales dans des Païs peuplés de vils esclaves, qui tremblans au nom d'un misérable Moine ont plus de respect pour un Scélérat revêtu de l'emploi d'Inquisiteur, que pour un

DÉDICATOIRE.

un Héros doué de mille vertus.

Je ne craindrai point, MESSIEURS, de dire quelque chose de trop fort, en avançant que le moindre des Anglois a reçu du Ciel en naissant, des qualités & des vertus respectables, dont les gens les plus considérés chez certains Peuples sont entiérement privés. Qu'il me soit permis de comparer un simple Marchand de *Londres* avec un Grand d'*Espagne*, qui meurt souvent de faim, de misére & d'orgueil, dans les ruïnes d'un antique Château. Le premier, occupé du bien de sa Patrie, enrichit ses Concitoyens par ses soins & ses travaux: il n'a du Commerçant que le nom & l'extérieur: au dedans tout respire en lui la grandeur, la magnificence, la générosité, l'intrépidité: il connoît parfaitement les interêts de son Païs: il est toujours prêt à y sacrifier les siens; Marchand dès qu'il s'agit d'enrichir sa Patrie, Soldat dès qu'il faut en défendre la gloire ou la liberté.

 Combien de fois n'a-t-on pas vu en Angleterre des gens, qui ailleurs n'auroient été occupés que d'un

forsordide gain, changer la face des affaires de l'Europe par l'usage qu'ils avoient fait de leur argent ? Quatre ou cinq Marchands de *Londres* fournirent à la moitié des frais de la plus glorieuse Campagne du Prince Eugène : ce Général fameux, après le gain d'une Bataille célèbre, eut l'attention de les en remercier. Quelles ne doivent pas être les qualités & le mérite des Nobles dans un Païs, où les Bourgeois sont des Héros ?

Un Gentilhomme, né sujet, ou plutôt esclave des Moines & des Prêtres, est bien

bien différent de ces Bourgeois généreux : il s'occupe du soin de balbutier quelques Antiennes : vain, fier, insolent au milieu de l'indigence, il méprise les Nations les plus respectables : il ne s'apperçoit point des fers dont il est chargé, il n'en connoît pas la honte, & donne le nom de *Religion* à l'esclavage le plus honteux, & j'ose dire le plus infâme. Car enfin, est-il un état plus humiliant que celui d'être gouverné d'une maniére despotique par un ramas de misérables, nés pour la plûpart dans la lie du peuple ? Est-il une con-

DÉDICATOIRE.

condition plus servile, plus abjecte, que celle de trembler devant des gens que l'Univers entier méprise, que les personnes vertueuses détestent, & que les Savans regardent comme les plus mortels ennemis des Sciences & des Belles-Lettres ?

Si les Espagnols & les Portugais ouvroient un jour les yeux, & qu'ils revinssent de leur aveuglement, ils auroient peut-être de la peine à comprendre comment ils ont pu rester si long-tems sans faire usage de leur Raison. Ces Nobles si enyvrés de leur grandeur

deur délabrée & chimérique, ces fiers & rogues Castillans rougiroient sans cesse en réfléchissant sur la honte de leur ancien Esclavage & sur les lâches dépendances qui les dégradant des qualités les plus nécessaires à l'Homme, les mettoient au niveau des Bêtes qui broutent, & les réduisoient à se laisser conduire comme des Troupeaux qu'un misérable Gardeur de Bœufs ramene des Champs dans une Ecurie ou dans une Etable.

Heureuses les Nations, Messieurs, qui, imitant votre sagesse & votre fermeté,

DÉDICATOIRE. xj

meté, savent faire une juste différence entre la Religion & le Fanatisme, qui, soumises avec respect aux ordres de la Divinité, ne souffrent point qu'une foule de Fainéans & de misérables réduisent les Peuples sous leur domination! Né François, j'ai appris de bonne heure à mépriser les Moines & leurs Supôts : il m'a été permis de regarder un Jésuite comme un homme dangereux, un Cordolier comme un vaurien, un Bénédictin comme un hypocrite; mais je n'ai pu m'expliquer librement sur leur compte qu'en devenant Hollandois. Par quel sort bizarre

EPITRE

zarre faut-il que ma Nation, qui pense aussi sensément que la vôtre, n'ait point la même liberté de faire usage de sa Raison ; & que chaque particulier ne puisse pas en instruire d'autres ! Est-ce seulement en *Angleterre* & en *Hollande* qu'il est permis à la Vérité de paroître toute nue ? Je suis avec un profond respect,

MESSIEURS,

Votre très-humble & très-obéïssant serviteur le Marquis d'Argens.

LE
LÉGISLATEUR MODERNE,
OU LES
MÉMOIRES
DU
CHEVALIER
DE
MEILLCOURT.

PREMIERE PARTIE.

Endant la minorité de Loüis XIV. la France étant agitée par une Guerre Civile, qui la

A dé-

déchiroit cruellement, le Comte de Meillcourt, mon pere, suivit le grand Prince de Condé à Bruxelles, & y épousa une Demoiselle, qui n'avoit que peu de bien. Il resta dans cette Ville, lorsqu'après le Mariage de Louïs XIV. tous ceux qui avoient pris les armes contre le Roi, obtinrent le pardon de leur crime. Avant que de sortir de la France, il avoit eu la précaution de vendre tous ses biens, & d'emporter avec lui des sommes assez considérables pour se faire un établissement solide en Flandre, où l'amour fixa sa demeure. Dix-huit mois après son mariage, Madame de Meillcourt, son épouse, accoucha de moi ; il en ressentit une joye extrême, & jamais pere n'aima plus son fils.

Je

Je fus élevé avec beaucoup de soin jusqu'à l'âge de cinq ans par des gens qu'on avoit mis auprès de moi ; mais mon pere ne voulut plus alors que j'eusse d'autre Maître que lui, soit par un effet de sa tendresse, soit par l'envie qu'il avoit de m'inspirer certains sentimens, dont il étoit malheureusement entêté. Il avoit fait un voyage en Hollande quelque tems après s'être marié, & ayant vu, à la Haye, le dangereux Spinosa, les conversations fréquentes qu'il eut avec ce Philosophe le jettérent dans une erreur étonnante. Il s'oublia jusqu'au point de devenir un de ses plus zélés Disciples, & fermant les yeux pour ne point voir les merveilles de la Divinité, il étouffa les remords dans son cœur, & se défendit par des raisonnemens absurdes contre les attaques de la Raison & de la lumiére naturelle.

Prévenu d'un sentiment aussi pernicieux, zélé Disciple de son Maître, il se figura que le plus grand service qu'il pût me rendre, étoit d'affranchir mon esprit d'une croyance qu'il regardoit comme contraire au repos & à la tranquilité des hommes. Il pensoit que l'idée d'une autre Vie ne servoit qu'à troubler les plaisirs qu'on goûtoit dans celle-ci : il m'instruisit dans ses fausses Maximes : il me dévoloppoit tous les jours son Systême : il m'en expliquoit les difficultés le plus clairement qu'il lui étoit possible ; & lorsque j'eus atteins l'âge de quatorze à quinze ans, je connoissois

fois parfaitement les opinions de Spinofa & de Vanin. Je favois Lucrèce par cœur, & je n'ignorois rien de ce qui pouvoit contribuer à m'entretenir dans la plus abominable des erreurs.

Mon Pere, en me communiquant fes fentimens, m'avoit auffi infpiré un mépris profond pour tous les Philofophes qui leur étoient contraires. Il difoit que ces Savans avoient été aveuglés, les uns par la crainte, les autres par les préjugés : j'étois accoutumé d'entendre toujours parler contre l'exiftence de la Divinité ; & mon égarement étoit fi grand, que j'étois à quinze ans dans l'Athéifme de la meilleure foi du monde.

Cependant, Dieu que j'outrageois, commença à parler à mon cœur :

cœur : mes yeux furent les premiers qui servirent à desabuser mon esprit. J'avois fait un voyage à Dunkerque avec mon pere : & je me promenois un jour seul sur le bord de la Mer : le Soleil ayant fini sa course alloit éclairer un autre Hémisphére : il paroissoit se plonger dans l'Océan ; & déja il disparoissoit en partie. Un spectacle aussi beau réveilla dans mon entendement des idées que l'éducation y avoit presqu'étouffées : je sentis en moi-même une voix secrette qui sembloit me dire : Imbécile, est-il permis que tu te figures qu'un ordre aussi beau, que celui qui régne dans l'Univers, soit la suite d'une Intelligence aveugle ? Eh quoi ! est-il possible que l'arrangement puisse naître de la confusion ;

fusion : qu'un concours fortuit d'atomes ait produit tous les miracles qui s'offrent à ta vûe? Si ce Soleil, qui éclaire le Monde, n'est qu'un amas de Matiére subtile & déliée, construit par le Hazard ; pourquoi ne se forme-t-il point quelque autre Soleil de tems en tems ? La Matiére n'est-elle pas toujours en mouvement ? Mais comment cet Astre régle-t-il son cours avec tant de sagesse, si quelque Intelligence éclairée ne le conduit & ne le guide ?

Dans le moment que je faisois ces réfléxions, un Vent assez fort s'éleva tout à coup : la Mer s'agita bien-tôt : je la vis blanchir ; & je l'entendis mugir au loin. Mes yeux s'attachérent sur elle ; je vis ses flots soulevés sembler vouloir submerger la Terre, & cependant venir se briser contre le rivage. Quelle est donc la Puissance, dis-je alors en moi-même, qui retient ce vaste Elément dans ses bornes ? Est-ce encore le Hazard qui a réglé que ses ondes seroient captives & enchaînées dans une certaine étendue ? Si cela est, ce Hazard est donc Dieu, puisqu'il doit être intelligent. Ah ! je commence à comprendre qu'une aveugle Puissance ne peut rien produire, où l'ordre & la sagesse président perpétuellement.

Ces premiéres pensées furent suivies d'un nombre d'autres, qui se présentérent en foule à mon imagination. Je veux bien supposer, disois-je qu'un amas de Matiére, assemblée par le Hazard, puisse produire le Soleil, & quelques autres des Merveilles qui s'offrent à mes yeux ; mais je ne puis comprendre que ce même Hazard continue de régler l'ordre & l'arrangement de ces Merveilles de la maniére la plus senfée & la plus majeftueufe. Une chofe ne peut communiquer que ce qu'elle a : comment donc le Hazard & une Intelligence aveugle peuvent-ils communiquer la fageffe, la prudence & la perception ? Ma raifon fe révolte quand on veut me perfuader qu'un Horleger, en fecouant dans une Boëte quelques refforts, mis au hazard, a fait une Montre, qui va toujours bien, fans avoir befoin d'être réglée ; que dois-je donc faire, lorfqu'on exige que j'ajoute foi au Syftême qui nie l'exiftence d'une Divinité Intelligente,

ligente, & qui après avoir opéré tous les miracles que je vois, les perpétue par d'autres miracles ?

Ces réfléxions produisirent dans mon esprit un effet qui me fut très-utile ; je changeai bien-tôt d'opinion, & après avoir étudié les preuves de l'exiſtence de la Divinité avec autant de ſoin, que je les avois négligées, je me vis en état de combattre les ſentimens de mon pere. Je diſputai long-tems avec lui, ſans pouvoir rien obtenir : il reſta toujours dans ſon aveuglement. Je n'oubliai rien pour lui montrer combien l'erreur dans laquelle il étoit pouvoit lui nuire, il fut inébranlable ; & j'eus la douleur de n'avoir pu par des raiſons évidentes détruire les préjugés que
Spi-

Spinofa avoit fait naître par fes argumens captieux.

J'avois atteins l'âge de vingt ans, lorfque ma mere vint à mourir. Mon pere, toujours occupé de fes idées Philofophiques, prit la réfolution de fe féqueftrer du monde, pour s'y livrer entiérement: il mit ordre à fes affaires, me laiffa tout fon bien; & s'étant réfervé une penfion affez modique il fixa fon féjour à la Haye auprès de Spinofa fon Maître, qui avoit plufieurs autres Difciples empeftés de fes erreurs.

Je me trouvai, très-jeune, maître d'un bien confidérable: l'éducation que j'avois reçue avoit tourné mon génie du côté de la Philofophie; & cette étude à laquelle je m'étois toujours appliqué excitant ma curiofité, je résolus de voyager, & d'aller dans les Païs les plus éloignés chercher à contenter l'envie que j'avois d'apprendre. Je découvris mon dessein à un jeune homme de mes amis, nommé St. Cyran: il me pria de vouloir bien permettre qu'il m'accompagnât : j'acceptai avec plaisir l'offre qu'il me faisoit ; indépendemment de l'amitié une certaine uniformité de sentimens nous lioit ensemble.

La Philosophie, qui m'avoit retiré de l'abîme de l'Athéïsme, n'avoit pu encore m'élever jusqu'au point de connoître la nécessité d'une Religion. Je me figurois que la Divinité, contente de la pureté du cœur, dispensoit les hommes d'un culte extérieur, & mon ami étoit dans

dans la même opinion. Il étoit né en Hollande, où il s'étoit appliqué de bonne heure à l'étude. Son pere étant Proteſtant & ſa mere Catholique, la différence de Religion de ſes parens avoit occaſionné ſon incertitude; & les divers ſentimens des Sectes dont les Provinces-Unies ſont remplies, avoient achevé de le perſuader, qu'il n'étoit aucun culte déterminé par la Divinité, & qu'elle recevoit avec bonté les vœux de tous les hommes en général.

 Ce ſentiment dont nous étions imbus nous empêchoit d'examiner la néceſſité de la Religion, & combien elle étoit utile & profitable à la Société. Ce ne fut que dans la ſuite que nous reconnumes que le deſordre & la confuſion ſont le partage des Sociétés dans lesquelles elle ne sert point de frein aux passions ; nous vîmes clairement alors qu'elle forme, qu'elle maintient les bonnes mœurs, & que toutes les vertus régnent bien-tôt dans les cœurs, dont elle s'est rendue la maîtresse.

Notre résolution pour notre départ étant prise, nous préparames tout ce que nous jugeames nous être nécessaire dans notre Voyage. Il devoit être long & pénible : c'étoit dans les Indes les plus éloignées que nous avions dessein de passer : nous voulions examiner par nous-mêmes ce qu'on disoit des Peuples barbares de ces Climats ; & sans cesse occupés de l'amour de la Philosophie, la connoissance parfaite de l'homme étoit

étoit notre unique soin.

Nous étions persuadés, mon ami & moi, que la véritable Sagesse consiste à se connoître soi-même, & à développer les replis du cœur humain. Or comme on ne peut réussir dans ces deux choses que par une profonde méditation sur soi-même, & par une étude pénible des actions & de la conduite des autres hommes, il faut, pour découvrir jusqu'où peut aller la Sagesse humaine, l'examiner dans différens Climats, & la regarder par le côté où elle n'est point arrêtée dans ses fonctions par les préjugés de l'enfance ; car ne connoître que les sentimens d'un Catholique, d'un Réformé, d'un Luthérien, ce n'est connoître l'Homme qu'à demi. J'ai vu dans la suite qu'il y a plus de différence

rence entre la sagesse d'un Sauvage & celle d'un Théologien, ou d'un Petit-Maître, qu'il n'y en a, pour la figure, entre un Lion ou un Eléphant. Cependant la Sagesse est toujours Sagesse : elle aboutit au même but; mais pour bien développer le cœur de l'Homme un Philosophe doit connoître les différens ressorts qui font agir cette Sagesse.

Il en est du Crime comme de la Vertu; les forfaits, dont les hommes se rendent coupables, sont produits par des motifs tout-à-fait opposés dans les différens Païs. Ce n'est donc connoître l'Esprit Humain qu'à demi, que d'ignorer une partie des mouvemens qui peuvent le déterminer au Vice ou à la Vertu.

Le

Le tems de notre départ étant arrivé, nous primes avec nous trois domestiques, sur lesquels nous pouvions compter : nous embarquames un grand nombre de provisions : nous nous munimes de tout ce dont nous pouvions avoir besoin : nous nous chargeames d'un nombre de bons Livres, pour nous desennuyer pendant le cours d'un voyage aussi long ; & nous n'oubliames pas les Instrumens de Mathématique que nous crumes pouvoir nous être utiles. Notre Bâtiment étoit armé par divers Particuliers, qui l'envoyoient dans le dessein de faire de nouvelles découvertes ; c'étoit ce qui nous avoit déterminés à nous y embarquer. Le Capitaine avoit ordre de ceux à qui appartenoit ce Bâtiment,

de

de nous regarder comme si nous en avions été les Maîtres; car, afin d'avoir plus de crédit, nous nous étions interessés dans cette entreprise pour une part très-considérable.

Après avoir tâché de ne rien oublier de tout ce qui pouvoit nous être utile, nous mimes à la voile le vingt-deux du mois d'Avril. Notre Bâtiment monté de cinquante-six pièces de Canon, & de deux cens soixante hommes d'Equipage, sortit du Port d'Ostende : nous primes la route des Canaries : nous reconnumes ces Isles ; & après trois mois de navigation nous arrivames heureusement au Cap de Bonne-Espérance. Nous y mouillames quelque jours pour donner le tems à notre Equipage de se reposer, & nous étant munis des

des provisions, dont nous pouvions avoir besoin nous remimes à la voile.

Pendant quinze ou vingt jours nous eumes un tems assez favorable ; mais un vent impétueux s'étant élevé tout à coup, la Mer s'agita violemment, & la tempête devint si forte, que ne pouvant y résister, nous pliames toutes nos voiles, nous abattimes nos huniers, & nous nous laissames entraîner où le vent nous poussoit ; il étoit si furieux que, quoi que nous n'eussions aucune voile déployée, nous faisions plus de quatre lieues par heure.

Notre Vaisseau fatiguoit infiniment : nous craignions qu'il ne vint à s'ouvrir : pour l'aider à soutenir la tempête, la Mer s'étant un peu calmée, nous mimes

mimes notre grande voile, après avoir eu soin de prendre tous les ris que nous pumes ; & nous nous abandonnames au gré des flots.

Ce gros tems dura neuf jours de suite; & nous perdions enfin toute espérance, lorsque le dixième nous reconnumes que nous n'étions pas éloignés de la Terre, où la tempête, malgré tous nos efforts, nous forçoit d'aller échouer.

Il nous avoit été impossible de prendre la hauteur : nous ignorions quelle étoit la Côte où nous allions périr; & l'Ouragant devenant plus fort, à mesure que nous approchions de la Terre, nous ne songeames plus qu'à mourir. Nos Matelots fondans en larmes, adressoient leurs vœux au Ciel : & comme

comme ils étoient de différentes Religions, les uns étant Protestans, les autres Arminiens, les autres Catholiques, la plus grande partie de notre Equipage étant Hollandois, ils prioient la Divinité d'une maniere différente ; mais tous cependant lui demandoient la même chose ; &, à quelques gestes & quelques cérémonies près, leur conduite étoit uniforme ; ils promettoient tous d'être plus vertueux, ils détestoient leurs crimes, & imploroient la bonté de ce Dieu qui les avoit créés.

Je connus, pour la premiére fois, que les vœux que l'Homme fait à la Divinité, sont une suite nécessaire de l'existence, de cette Etre Intelligent, & que le Culte extérieur émane de sa

cro-

croyance : mes bras s'élevérent d'eux-mêmes au Ciel ; je sentis dans mon cœur un secret mouvement qui m'avoit été inconnu jusqu'alors, & qui me portoit à demander du secours à la seule Puissance, de qui j'en devois espérer dans une situation aussi triste. Dieu puissant, m'écriai-je, Toi, qui gouvernes ce Monde, qui peux tout, & par qui tout arrive, daignes rendre au rivage un foible Mortel qui t'implore : & puisque ta bonté a daigné me produire, étend-la aujourd'hui jusqu'à vouloir me conserver. J'ignore si tu as prescrit aux foibles mortels une façon particuliére de te demander des graces ; mais je t'implore du fond du cœur ; ce langage doit être agréable à un Etre infiniment juste.

Dans

Dans le tems que j'adreſſois au Ciel ma priére Philoſophique, mes bras toujours levés vers lui, un mouvement de reſpect m'avoit fait mettre à genoux : la Nature, qui dans ce moment agiſſoit avec force, me rendit égal à tous les autres hommes qui étoient ſur notre Bâtiment : le ſecours que j'attendois de la Divinité m'apprit tout à coup qu'elle vouloit être ſervie ; & qu'on devoit lui demander les graces qu'on vouloit en obtenir, d'une maniére humble, & qui marquât le dévouement & l'obéïſſance qu'on avoit à ſes ordres.

Le Ciel eut pitié de nos vœux & fut ſenſible à nos priéres : la Côte que nous découvrions étoit remplie de Bancs de ſable, & il n'y avoit aucun Rocher :

cher : le vent nous fit échouer très-proche de rivage ; & notre Bâtiment s'étant, enfoncé dans le sable, sans s'ouvrir, nous eumes le tems de mettre la Chaloupe à la Mer, & de nous sauver.

Le vent s'étant appaisé, l'on fit plusieurs voyages au Vaisseau : on porta à terre toutes les Marchandises : on débarqua les Canons, & l'on tâcha de l'alleger le plus qu'on pût, afin de l'arracher du Banc de sable, mais tous les soins qu'on se donna pour cela furent inutiles ; il avoit été si maltraité de la tempête, & il étoit si rempli d'eau, qu'après l'avoir bien examiné nous jugeames qu'il étoit impossible de pouvoir nous rembarquer.

Quelque grand que fût notre cha-

chagrin, il falut cependant prendre patience, & nous consoler dans l'espérance que quelque Vaisseau Européen, qui viendroit mouiller sur ces Côtes nous rameneroit avec lui. Quoique la Terre où nous étions nous fût entiérement inconnue, & que nous ne sussions si elle seroit habitée, nous commençames par bâtir une espèce de Fort, dans lequel nous enfermames tout ce que nous avions tiré du Vaisseau.

Dès que les Matelots eurent mis pied à terre, ils me reconnurent unanimement pour leur Chef: le Capitaine suivit leur exemple; & comme ils n'avoient aucune teinture de l'art de se fortifier contre les attaques des Sauvages, qui pou-

pouvoient habiter dans ces Contrées, je leur traçai des Retranchemens qu'ils élevérent, & leur fis construire une espèce de Fort quarré qui communiquoit à la Mer.

Le Païs, dans lequel nous étions, étant abondant en bois, je fis revêtir de palissades toutes nos Fortifications de terre : je les fis garnir de Canon ; & au bout de quinze jours que tout fut achevé, nous nous trouvames en état de nous défendre contre toutes les violences que nous avions à craindre. Je fis ensuite la revûe du monde qui me restoit ; & voyant que nous n'avions perdu que six hommes, depuis près de six mois que nous étions en voya-

voyage, je pris la résolution de m'avancer dans les terres & d'aller reconnoître le Païs avec une partie des Matelots que j'avois.

Je nommai St. Cyran, mon ami, & le Capitaine du Vaisseau mes deux Lieutenants; mais voulant mettre toutes choses en ordre avant que de m'éloigner du Fort, que je regardois comme notre unique azyle, j'ordonnai qu'on dépeçât entiérement le Vaisseau, & qu'on transportât les planches & les fers qu'on en tireroit, pour construire trois grandes Baraques. L'une fut destinée à servir de Corps de Caserne : on fit de l'autre un Arsenal où l'on enferma les armes, la poudre, les boulets, & toutes les munitions de guerre qu'on avoit ôtées du Vaisseau ; & la troisième fut destinée à conserver le bled, la farine & les autres provisions de bouche.

Lorsque j'eus fait construire ces Cabanes, je pris cent vingt hommes avec moi : j'en laissai un pareil nombre pour la garde du Fort ; & je me mis en chemin avec mon ami & le Capitaine de Vaisseau, qui commandoient, sous moi, les Matelots & les Soldats que je conduisois à la découverte du Païs.

J'avois eu la précaution de faire faire dix Tentes, & je m'étois servi pour cela des voiles du Vaisseau. Je fis camper ma petite Armée, le premier

mier jour de notre marche, à deux lieues du Fort, en tirant vers une Colline, qui s'étendoit tout le long de la Mer. J'avois fait porter quatre Pierriers de bronze, qui servoient auparavant à armer la Chaloupe, & qui formoient l'Artillerie de notre Armée; ils me furent infiniment utiles, & je leur dus une partie de la victoire que je remportai dans la suite.

Le troisième jour de notre marche, je découvris, trois ou quatre heures après le lever du Soleil, cinq ou six hommes, qui nous examinoient attentivement du haut d'une Colline. J'ordonnai au Capitaine de Vaisseau d'aller les aborder, & de tâcher de s'ins'informer quels gens ils étoient, & dans quel Païs nous avions échoué; je lui recommandai sur-tout de n'agir par la force qu'à la dernière extrémité, & lorsqu'il verroit qu'il lui seroit impossible de faire autrement.

Quand les Sauvages, qui nous examinoient, virent que l'on alloit à eux, ils s'enfuirent avec une vîtesse surprenante, & descendirent de l'autre côté de la Colline; de sorte que nous les perdîmes bientôt de vûe. Le Capitaine de Vaisseau voyant qu'il ne devoit point espérer de les atteindre vint me rejoindre.

Je pris la résolution de m'avancer plus avant dans le Païs, voyant qu'il étoit habité: j'ordonnai à mes gens de se tenir prêts à combattre, si cela étoit nécessaire. Je les séparai en trois Corps différens : le premier, composé de vingt hommes, étoit commandé par le Capitaine de Vaisseau : j'étois à la tête du second, qui étoit de quatre-vingt combattans ; & le troisième, formé des vingt Soldats qui restoient, faisoit l'Arriére-garde.

Je montai, dans cet ordre, la Colline sur laquelle j'avois vu les Sauvages : lorsque je fus arrivé au haut, j'apperçus, de l'autre côté, une Plaine sablonneuse & inculte, terminée par un Bois fort épais, & qui me parut d'une vaste étendue ; mais je ne jugeai point-à-propos de pénétrer plus

plus avant, de peur de m'engager dans une Forêt, dont je ne doutois pas que les Barbares ne connuſſent les routes les plus ſecretes. Le terrain que j'avois parcouru, depuis le Fort juſqu'à la Colline, étoit d'une beauté parfaite. Il offroit à la vûe un Tableau magnifique : les Arbres étoient chargés de fruits : pluſieurs Ruiſſeaux arroſoient des Prairies charmantes ; je crus que je devois me contenter d'une étendue de plus de dix lieues de terre, ſans aller riſquer inutilement de m'égarer dans ces Bois, & d'y tomber dans quelque embuſcade.

Je fis aſſembler les principaux de mes Soldats, & après leur

leur avoir repréſenté que nous avions beaucoup plus de terres qu'il ne nous en falloit : que les environs du Fort étoient même plus que ſuffiſans pour fournir aux beſoins d'une grande Ville, nous reſolumes de retourner joindre nos Camarades, & d'engager les Sauvages, qui apparemment venoient quelquefois au bord de la Mer, à lier commerce avec nous.

J'étois bien éloigné d'imiter les monſtrueuſes cruautés des premiers Eſpagnols, qui firent la Conquête du Méxique & du Pérou. Quoique je n'euſſe encore aucune Religion déterminée, j'abhorrois ces pernicieuſes maximes, qui font honte à l'Humanité : la ſeu-

B 5 le

la Loi Naturelle, que je suivois alors, me montroit clairement qu'un persécuteur, qui couvre ses cruautés du voile de la Religion, est un Monstre qui outrage la Divinité qui lui donna le jour ; & que le Dieu de paix condamne toutes les sanglantes Offrandes, dont la barbare Superstition arrose ses Autels. Les Espagnols montroient une horreur infinie pour les Sacrifices des dévots Méxiquains : ils affectoient une fausse compassion pour quelques infortunés que ces Sauvages immoloient ; & leur pieuse cruauté fit plus périr d'hommes dans un seul jour, que tous les Prêtres des Faux Dieux n'en sacrifiérent depuis l'établissement du Paganisme. Rien

Rien ne révolte plus un Philosophe, qu'une Religion qui sert de prétexte aux crimes les plus énormes: les excès, où l'Esprit humain se laisse emporter par la superstition, lui servent d'instruction pour éviter de tomber dans les mêmes crimes; il croiroit deshonorer la Divinité, que de la faire respecter par les forfaits les plus horribles.

Heureusement pour les Peuples chez qui j'échouai, je n'étois ni dévot, ni Espagnol: je m'étois fait une loi, dès ma plus tendre enfance, de suivre exactement tout ce que la probité & la vertu me dictoient; content de l'établissement que j'avois formé sur ces Côtes, & qui pouvoit dans la suite devenir très-utile, je crus que je devois me faire des amis des anciens habitans du Païs. Quel droit, disois-je, avons-nous sur ces hommes ? Ils vivoient tranquiles, ils n'avoient rien à démêler avec nous ; pourquoi viendrons-nous les immoler à notre curiosité, ou à notre avarice ?

A ces réfléxions j'en joignois d'autres que me fournissoit l'exemple des Anglois & des Hollandois. Ces Peuples, disois-je, bien différens des dévots Espagnols, ont formé de grands & de vastes Etats dans l'Amérique & dans les Indes par leur sage conduite, par leur attention à regarder tous les hommes comme freres. Les Naturels des Païs

Païs dans lesquels ils se sont établis, au lieu de fuir dans les Forêts, se sont accoutumés avec les sages Anglois & les pacifiques Hollandois; ils ont autant aimé leurs nouveaux Hôtes que les Méxiquains abhorroient les cruels Espagnols. Ces Peuples sauvages, charmés de la douceur & de l'affabilité de leurs voisins, sont venus en foule se ranger au nombre de leurs Vassaux; & la Ville de *Batavia* commande & nomme plusieurs Souverains que les Hollandois ont réduit à leur obéïssance par leurs bienfaits plutôt que par leur armes.

Si je dois, continuois-je, établir une Colonie dans ces Climats, je ne veux point que la Postérité me reproche d'avoir fait rougir l'Humanité, & d'avoir profité des jours que la Divinité vient de me conserver pour persécuter les freres qu'elle a voulu me donner dans les Païs étrangers. J'imiterai ceux qui ont réussi par les voyes les plus douces, en suivant les principes que la Loi Naturelle impose à tous les hommes.

Je fus charmé que la résolution que j'avois prise de retourner au Fort eût été approuvée : je n'avois été si avant dans les terres, que pour découvrir si elles étoient habitées : j'avois réussi dans mon dessein : je n'en demandois pas davantage ; & j'étois bien certain que les Sauvages ne manquequeroient pas de venir reconnoître sur les bords de la Mer, quels étoient les gens qu'ils avoient apperçus. Mon dessein étoit de leur envoyer deux hommes desarmés avec quelques presens ; cependant, pour éviter toute surprise, je les aurois fait suivre par un Détachement qui auroit pu les secouvrir en cas de besoin; le Ciel disposa des choses autrement. Sur les six heures du soir, environ une heure avant le coucher du Soleil, nous vimes sortir du Bois plus de dix mille Sauvages, qui vinrent s'assembler dans la même Plaine où nous étions campés. Ils étoient armés de Piques, dont le bout étoit garni d'épines de poisson ; & la plû-

plûpart avoient encore un Arc & un Carquois rempli de flé‑ches.

Dès que nous apperçumes cette Armée de Sauvages, nous nous retirames en bon ordre sur le haut de la Colli‑ne, d'où nous étions descen‑dus le matin, & nous nous y fortifiames par quelques Ar‑bres que nous abattimes, & qui nous servirent de Retran‑chement; nous plaçames nos quatre Pierriers, & nous for‑mames une petite Batterie, qui donnoit sur la Plaine que nous venions d'abandonner, & par laquelle il faloit que les Ennemis passassent pour nous venir attaquer.

Avant que d'en venir à une guerre ouverte, je voulus em‑
ployer

ployer tous les moyens pour l'éviter : je députai aux Sauvages deux hommes, escortés par vingt autres, n'osant les commettre seuls ; parce que j'ignorois les maximes de ces Nations barbares, & que j'appréhendois de risquer leur vie.

Mes précautions furent inutiles ; dès que les Sauvages virent approcher mes gens, ils tirérent sur eux une quantité étonnante de fléches, & s'avancérent ensuite pour les envelopper. Le Capitaine de Vaisseau, qui commandoit ce Détachement, ordonna à dix Soldats de tirer sur ceux qui s'approchoient : la terreur saisit les Sauvages au bruit de cette première décharge : ils resté-

restérent tout stupefaits en voyant tomber par terre six de leurs Camarades ; & le Capitaine de Vaisseau profita de leur surprise pour se retirer.

Dès que ceux qui avoient tiré eurent rechargé leurs armes, ils vinrent nous rejoindre en bonne ordre & montérent la Colline sans que les Sauvage osassent les poursuivre. Cependant ils se rassûrérent, & à peine notre Détachement fut-il entré dans le Retranchement que nous avions fait, que plus de deux mille Barbares se détachérent du Corps de leur Armée qui s'étoit étendue dans la Plaine, & vinrent en poussant des cris affreux jusqu'au pied de la Colline,

line, dans le deſſein de nous attaquer. Dès qu'ils furent à la portée de nos Pierriers, j'ordonnai qu'on tirât ſur eux à cartouche. Le bruit de notre Artillerie, & le deſordre qu'elle fit parmi eux, leur cauſa une peur ſi grande, qu'ils ſe mirent à fuir le plus vîte qu'ils purent, pour rejoindre le gros de leur Armée. On fit ſur un eux une ſeconde décharge qui leur cauſa autant de perte que la première, & ils eurent dans cette occaſion plus de trente hommes de tués ou bleſſés dangereuſement. Leur terreur fut ſi grande, que dès qu'ils eurent rejoint leurs camarades, qui les attendoient dans la Plaine, & qui étoient auſſi étonnés qu'eux de l'effet de notre

notre Artillerie, ils se retirèrent vers la Forêt, & défilèrent par un chemin assez étroit. Je crus que leur dessein étoit d'entourer la Colline de tous côtés, & de nous obliger à quitter un poste aussi avantageux que celui que nous avions, en nous coupant toute sorte de communication avec le Fort & le rivage de la Mer, dont nous étions éloignés de près de six lieues. Je résolus de les prévenir, & quoique le Soleil fût déja couché, j'abandonnai la Colline, & j'allai camper au même endroit d'où j'étois parti la veille. J'y arrivai sur la minuit & n'eus pas le tems de me reposer; les Barbares s'étant apperçus que nous avions abandonné la Col-

Colline, avoient changé de dessein: ils étoient retournés sur leurs pas & nous avoient suivis de si près, qu'un heure après que nous fumes campés, nous les apperçumes venir à nous à la lueur de la Lune, dont la clarté nous favorisoit.

Dès que nous étions arrivés dans notre Camp, notre premier soin avoit été d'abattre une douzaine d'Arbres, pour nous faire un boulevart contre nos ennemis: nous attendimes dans un grand silence qu'ils vinssent nous attaquer; ils approchérent de nos Retranchemens, comme la premiére fois, en jettant des cris horribles. Lorsqu'ils furent à la portée du fusil, soixante Soldats firent une décharge qui fut secondée de de nos Pierriers : le desordre qu'elle causa fut si grand, que les Sauvages tournérent le dos avec beaucoup de précipitation ; & pour achever de les intimider les soixantes autres Soldats firent une seconde décharge dont l'effet fut aussi funeste aux ennemis que celui de la premiére.

Je compris que je devois profiter de leur frayeur pour pouvoir faire tranquilement ma retraite jusqu'au Fort. Après leur avoir tiré encore plusieurs coups de Pierriers, j'envoyai après eux un Détachement de trente hommes : les Sauvages épouvantés prirent la fuite dès qu'ils virent qu'on venoit à eux ; ils remontérent la Colline & descencendirent dans la Plaine, où s'étoit passé le premier combat.

Cependant le Détachement que j'avois envoyé à la poursuite des ennemis fit deux prisonniers: l'un étoit un jeune homme, qui ayant été blessé à la jambe, n'avoit pu se sauver; & l'autre avoit été pris dans le tems qu'il vouloit charger ce jeune homme sur ses épaules pour l'emporter. C'étoit la coutume de ces Sauvages d'enlever tous leurs morts & leurs blessés; & nous ne trouvames aucun de ceux qui avoient été tués par notre Mousqueterie. Quelque grande que fût leur terreur, ils n'oublièrent point cet usage sacré chez eux, & auquel ils s'engagent

tous

tous par un serment solennel avant que d'aller au combat.

Mes gens me présentérent ces deux prisonniers ; je fus d'abord prévenu en faveur du jeune homme. Il avoit quelque chose de grand dans la physionomie : il régnoit dans toutes ses actions une noble fierté : il nous regardoit avec beaucoup de curiosité ; il étoit cependant parmi nous avec autant d'assûrance, que s'il avoit été parmi ses compatriotes. J'ordonnai qu'on le pensât : sa blessure étoit assez legére ; je fis faire un Brancard, & mes Soldats le transportérent jusqu'au Fort, où j'arrivai le lendemain.

Je résolus de renvoyer le Sauvage qui n'étoit point blessé :

fé : je lui fis préfent d'une Pièce d'étoffe, de quelques Chapelets de cryſtal, dont nous avions embarqué un grand nombre ; & je lui en attachai moi-même un au col. Il étoit très-étonné de ma libéralité ; mais ſa ſurpriſe augmenta bien davantage, lorſqu'après l'avoir régalé pendant huit jours, je lui fis comprendre par ſignes que je lui donnois la liberté. Loin d'eſpérer de revoir ſes Camarades, dès le moment qu'il fut pris, il ne s'attendoit qu'à la mort, comme je l'appris dans la ſuite. Touché de ma bonté il voulut m'en donner des marques : il porta la main ſur ſa poitrine & me la mit enſuite ſur le pied ; c'eſt une cérémonie chez ces Sauvages,

vages, par laquelle celui qui s'y soumet se rend Esclave d'un autre. Comme j'ignorois ce que cela vouloit dire, je ne pus connoître jusqu'où alloit sa reconnoissance, & je le fis conduire hors du Fort par le Capitaine de Vaisseau qui lui fit encore present de deux ou trois couteaux & d'un petit Miroir; après quoi il le quitta & le laissa en liberté.

J'avois fait comprendre à ce Sauvage, avant son départ, qu'il ne devoit rien appréhender pour son Camarade, & que dès qu'il seroit guéri je lui rendrois la liberté, ainsi qu'à lui: il avoit vu par les soins que j'en avois que je m'interessois véritablement à sa santé; & il le laissa sans regret en mon pouvoir. Je

Je ne doutai pas que le prisonnier, à qui je venois de donner la liberté, n'apprît à ses Camarades la façon humaine dont je l'avois traité; & qu'il ne les engageât à venir au Fort, & à se fier à notre bonne foi. J'avois résolu, puisque le hazard m'avoit fait échouer sur ces Côtes inconnues, d'y établir une Colonie. La beauté du Païs m'en avoit fait naître l'envie. Il se passera, disois-je, peut-être plus de dix ans, avant que le sort & le hazard conduisent quelque Bâtiment sur ces Côtes. Que sai-je même, s'il en viendra jamais? Cette Terre, selon toutes les apparences, n'a point encore été découverte: la seule tempête nous y a conduits,

ainsi

ainsi je dois agir de la même maniére que si j'étois destiné à y finir mes jours ; & puisque tous les gens du Vaisseau m'ont choisi pour leur Chef, il faut que je pense à leurs interêts & à leur conservation.

Le premier Réglement que je crus nécessaire au bien de ma nouvelle Colonie, fut de leur ordonner de vivre dans la paix & dans l'union, sous peine d'être exilés & chassés du Fort comme perturbateurs du repos public. La diversité de Religions qui régnoit parmi les Matelots causoit souvent entr'eux quelque dispute. Les uns étoient Catholiques, les autres Réformés, plusieurs Luthériens ; il y en avoit d'Arminiens, de So-
ci-

ciniens & d'Antitrinitaires. Je fis donc publier une Loi ,, par ,, laquelle il étoit défendu de ,, maltraiter personne au su- ,, jet de la Religion; & cette ,, même Loi ordonnoit de re- ,, garder comme freres tous ,, ceux qui croyoient à la Di- ,, vinité.
,,

Dès que j'eus fait cette sage Ordonnance, le calme revint dans le Fort, & chacun vécut en paix. Les Soldats & les Matelots Catholiques s'assembloient dans un endroit: les Luthériens dans un autre. Il en étoit de même de toutes les autres Sectes: elles honoroient la Divinité chacune à leur maniére: les uns la prioient en Latin, les autres en François, plusieurs en Hollandois;

mais

mais tous s'accordoient à lui demander le pardon des offenses qu'ils avoient commises.

Au milieu de ces différentes Religions, mon ami & moi nous formions une Secte différente : le danger que nous avions couru sur la Mer nous avoit appris que l'Homme doit demander des graces à la Divinité, & que la seule croyance de l'existence de cet Etre tout-puissant ne suffit point ; nous levions les mains au Ciel, nous demandions la pureté des mœurs, & la vertu si nécessaire aux hommes. Voici quelle étoit la prière que nous faisions.

PRIE-

PRIÈRE.

„ Etre puissant que nous
„ reconnoissons pour le Prin-
„ cipe & le Souverain de
„ toutes choses, par l'ordre
„ duquel le Soleil fait son
„ cours & annonce aux Mor-
„ tels la nécessité de son exi-
„ stence; Toi qui nous don-
„ nes la vie, & sans le pou-
„ voir duquel tout seroit con-
„ fondu, accorde aux foibles
„ mortels, que ta main puis-
„ sante a créés, la Vertu &
„ le pouvoir de la pratiquer.
„ Nous reconnoissons que sans
„ toi nous ne sommes que
„ d'impuissantes créatures. Si
„ tu ne nous assiste, que pou-
„ vons-nous par nous-mêmes?
„ Di-

„ Divinité Souveraine, par-
„ donnes si nous ignorons une
„ façon de t'adresser des vœux,
„ qui te soient plus agréables;
„ l'idée que nous avons de ta
„ grandeur & de ta bonté
„ nous rassûre; la lumiére na-
„ turelle, don précieux que
„ les hommes ont reçu de toi,
„ nous montre que tu ès trop
„ juste, pour nous punir de
„ n'avoir pas observé un cer-
„ tain cérémonial que nous
„ ignorions. Hé quoi! de tant
„ de Religions différentes,
„ qui t'implorent tous les
„ jours, seroit-il possible que
„ tu n'en écoutasses qu'une?
„ Divinité puissante, mais
„ juste, nous n'avons garde
„ d'admettre une opinion si
„ contraire à ta bonté: reçois
donc

„ donc nos vœux, & ceux
„ de tous les habitans de ce
„ Fort : ils ont tous été créés
„ par ta puissance, tu ès leur
„ Pere commun; il dépend
„ de toi de les rendre dignes
„ d'être tes enfans, & tu n'as
„ qu'à vouloir. "

Quelque tems après que j'eus réglé toutes les difficultés que la différence de Religion auroit pu faire naître, je résolus en vertu de la Loi qui ordonnoit de regarder tous les hommes qui croyoient une Divinité, comme freres, d'unir davantage les cœurs de tous les habitans. J'en fis une seconde, qui prescrivoit *une Priére générale*, *que j'appellai la Priére Fraternelle*, qui, n'ayant rien de commun avec le Culte particulier des différentes Sectes, pouvoit être faite unanimement par toutes, & accoutumoit les hommes, malgré leurs différentes opinions, à se regarder véritablement comme freres & serviteurs de la même Divinité, qu'ils prioient tous en commun une fois dans la journée. J'avois fixé le tems de cette Oraison un peu avant le coucher du Soleil; alors toutes les différentes Sectes recitoient à haute voix cette Priére.

PRIÉRE.

« Divinité, qui nous as tous créés, dont nous sommes tous les enfans, aye pitié de ces freres assemblés, qui viennent implorer ta bonté: répands sur nous tes bienfaits, donne nous chaque jour notre nécessaire; nous tâcherons de nous rendre dignes de tes faveurs par l'attention que nous aurons à suivre exactement les principes de la Vertu que tu as gravée dans le cœur de tous les hommes. Nous aurons pour notre prochain autant d'attention que pour nous-mêmes: nous pardon-

„ nerons à nos ennemis : rien
„ ne pourra nous servir à pal-
„ lier notre vengeance : nous
„ nous abstiendrons sur-tout
„ de faire servir ton Saint Nom
„ de prétexte à la persécu-
„ tion ; & nous regarderons
„ comme freres tous ceux
„ qu'il t'a plu nous donner.
„ Nous te prions pour eux
„ dans ce moment, comme
„ pour nous ; daigne les com-
„ bler de bonheur , & leur
„ inspirer ce qu'ils doivent
„ faire pour ta gloire ".
Cette maniére de prier en commun, & de s'adresser tous ensemble à la Divinité, accoutuma bien-tôt les habitans à se regarder comme freres : ils conservérent toujours les principes & les maximes de leur

leur Religion : mais ils ne confidérérent plus le Culte dans lequel ils étoient comme le seul qui pût être agréable à la Divinité ; ils le regardérent seulement comme le plus propre à mériter ses faveurs.

Lorsque je réfléchissois sur la prévention de la plûpart des Religions Européennes, je m'applaudissois de n'avoir ni Moine, ni Théologien dans ma Colonie. Le trouble, disois-je, seroit bien-tôt dans le Fort, si ces vaines disputes de Controverses y étoient en usage, sous le vain prétexte d'éclairer les cœurs : la discorde & la division se répandroient parmi les habitans : on leur apprendroit l'art de s'immoler mutuellement à leur opinion :

le carnage & les horreurs les plus monstrueuses, les actions les plus iniques : tout cela seroit consacré par la Religion; & peut-être verroit-on bientôt, comme en Europe, le pere croire s'ouvrir un chemin vers la Divinité en perçant le sein à son fils. Fanatiques François, continuois-je, furieux Anglois, crédules Allemands, vous avez inondé, pendant plusieurs années, vos Villes & vos Campagnes par le sang de vos freres. Rendus cruels par vos Prêtres, privés de la Raison par la Superstition, vos crimes ont été d'autant plus grands, que vous faisiez servir la Divinité de prétexte aux actions barbares que vos commettiez. Pouviez-vous penser

penser que Dieu eût besoin du meurtre & du carnage pour éclairer les cœurs ? N'est-il pas le Dieu de paix ? N'a-t-il pas en horreur la violence ? Imbéciles Européens, vous n'avez point connu que sous le prétexte de la Religion, on vous rendoit les victimes de l'ambition & de la fourberie de quelques Particuliers. Vous avez donné aveuglément dans les pièges qu'on vous tendoit, & malgré les pertes que vous avez faites, peut-être seriez-vous encore assez imbéciles, pour vous égorger mutuellement, en faveur des opinions de quelque Théologien, dont le cerveau creux auroit enfanté un nouveau Systême. Puisse la Divinité garantir cette te Colonie d'une peste aussi dangereuse !

J'étois perpétuellement occupé de ce qui pouvoit rendre heureux les gens qui s'étoient confiés à ma conduite, & le rang auquel ils m'avoient élevé exigeoit que je leur donnasse tous les soins qu'un pere doit à ses enfans, je m'appliquai à apprendre la Langue des Sauvages : je parlois souvent avec ce jeune Prisonnier ; mais je ne pus faire un progrès aussi considérable qu'il le fit dans le François. Six semaines après son arrivée au Fort, il s'expliquoit déja, & demandoit tout ce dont il avoit besoin. Cependant je ne pouvois avoir encore aucune conversation suivie avec lui : il il ne pouvoit m'éclaircir de ce que je souhaitois savoir : il comprenoit que j'étois en peine du retour de son Camarade : il me montroit avec la main les Terres du côté de l'Isle opposé à celui où nous avions bâti le Fort ; mais je ne pouvois entendre ce qu'il me disoit.

Je fus encore près de deux mois dans cette incertitude, enfin peu à peu *Kinsqui-Cala*, (c'étoit ainsi qu'on appelloit le Sauvage) fit tant de progrès dans la Langue Françoise que je lui parlois toujours, qu'il vint à bout de me faire comprendre que *Sumika*, son Camarade, & les autres Barbares n'étoient point venus me voir au Fort, parce qu'ils

qu'ils étoient occupés dans u-
ne guerre sanglante qu'ils sou-
tenoient contre d'autres Sauvages, qui habitoient de l'autre côté de l'Isle. Il m'apprit
une chose qui me surprit beaucoup, c'est qu'il y avoit des
Européens qui défendoient le
parti des Sauvages, ennemis
de ceux qui nous avoient attaqués. *Kinsqui-Cala* me fit
entendre, moitié par ses discours, moitié par ses signes,
qu'ils nous avoient pris pour
ces Européens qui s'étoient
joints à leurs ennemis, & qu'ils
nous avoient attaqués dans
cette croyance. Il ajouta que
Sumka étoit parti du Fort
persuadé que nous étions les
Camarades des Européens qui
leur faisoient la guerre; mais
aussi généreux que les autres é-
toient

toient cruels, maſſacrant tous les priſonniers, qu'ils faiſoient, aux pieds d'une Figure de bois qu'ils arroſoient du ſang humain.

Je ne ſus que penſer de ce que m'apprenoit *Kinsqui-Cala* : je ne pouvois comprendre quels étoient ces Européens, ou ces Peuples étrangers dans l'Iſle, qui ſe ſervoient des mêmes armes que nous, & qui immoloient des hommes à des Idoles; ma ſurpriſe augmenta encore davantage, lorsqu'ayant voulu ſavoir quelle étoit la croyance de ces Peuples ſauvages, je vis que *Kinsqui-Cala* n'avoit aucune idée de la Divinité, & qu'il croyoit ſeulement qu'il ne faloit point brûler les os des Poiſſons, parce que les autres
ſa-

fachant cela ne se laiſſoient plus prendre.

Je gémis de l'aveuglement dans lequel l'Eſprit humain pouvoit reſter. Hé quoi ! m'écriai-je dans un tranſport, dont je ne fus pas le maître, tes Oeuvres, Dieu puiſſant, ne développent-elles pas ton exiſtence & ta puiſſance aux plus aveuglés ? Comment peut-il ſe trouver un mortel, qui n'apperçoive pas qu'un Etre Intelligent régle l'ordre & l'arrangement de cet Univers ? Mais dois-je m'étonner des égarements des hommes, moi qui ai vu en Europe des gens aſſez malheureux, pour faire ſervir la Science & l'Etude à les confirmer dans leurs pernicieuſes erreurs ? Combien

la

la Divinité doit-elle punir plus sévérement un Philosophe vain & orgueilleux, qui ne s'est souvent déclaré contre son existence que par vanité ou par entêtement, qu'un infortuné Sauvage, qui n'a pas eu le bonheur d'y faire un seul moment réflexion. Car enfin, la moindre attention emporte avec soi l'idée de la Divinité : si les hommes levent les yeux au Ciel : tout leur annonce la grandeur de ses Ouvrages : s'ils les fixent sur la Terre, tout leur annonce sa Sagesse & sa Prudence : & s'ils les ferment entiérement & n'en veulent point faire usage, un mouvement intérieur leur fait sentir qu'il y a un Etre supérieur ; ils connoissent qu'ils n'ont n'ont pas toujours été, & sont obligés de remonter à un premier Principe. Quelqu'aisé qu'il soit de connoitre la Divinité, voilà cependant un Peuple entier, qui n'en a aucune idée ; que deviennent vos notions innées, Philosophes rêveurs, Théologiens présomptueux ? Que peuvent tous vos Arguments contre l'Expérience ? dois-je plutôt croire vos Syllogismes, que la vérité d'un fait, dont je vois évidemment la réalité ?

Quoique j'eusse résolu de renvoyer *Kinsqui-Cala* chez les Sauvages, pour les desabuser de l'opinion dans laquelle ils étoient, & leur dire que bien loin de penser à leur faire la guerre j'étois prêt à les se-

secourir, je crus que je devois apprendre à ce jeune Sauvage, pour qui j'avois conçu beaucoup d'amitié, à qui il étoit redevable de son existence; il commençoit à entendre assez bien le François, pour que je ne dusse pas craindre qu'il ne comprît point mes raisons.

Ecoutez, *Kinsqui-Cala*, lui dis-je, avant que de vous renvoyer à vos Compatriotes, je vais vous découvrir des choses importantes, & vous guérir de l'aveuglement où vous êtes; vous ignorez la plus essentielle des Vérités. N'avez-vous jamais fait réfléxion sur vous-même, & sur l'ordre & l'arrangement que vous voyez dans l'Univers? dites-moi, vos pe-

peres n'ont point été de tout tems, non plus que vous; comment pensez-vous qu'ils ayent été produits ? Ils ne peuvent avoir commencé d'exister, sans une Cause premiére : vous sentez que le Néant ne sauroit rien former ; il faut donc qu'il y ait un Etre Eternel ; il faut encore que cet Etre Eternel soit tout-puissant, puisqu'il a eu le pouvoir de produire, & de créer tout ce que vous voyez, & tout ce qui existe. Par une suite de ces premiers Principes, il est nécessaire que cet Etre éternel, tout-puissant, soit aussi intelligent ; car s'il ne l'étoit point, comment auroit-il pu distribuer dans un ordre si beau & si magnifique toutes

tes les opérations ? S'il n'avoit pas une connoissance, une sagesse, qui égalât son pouvoir, comment maintiendroit-il l'arrangement que vous voyez dans cet Univers produit par sa seule puissance ?

Je vois, continuai-je, à votre étonnement, que vous êtes surpris des Vérités que je vous découvre; mais pour vous les rendre plus respectables & plus utiles, apprenez le fruit que vous devez en retirer. Vous m'avez vu quelquefois, les yeux attachés vers le Ciel, le corps dans une posture humiliante, parler tout seul pendant quelques momens : vous étiez surpris de me voir dans une occupation, dont vous ne pouviez démêler le motif: je voyois que vos regards témoignoient votre étonnement; apprenez aujourd'hui ce que je faisois dans ces momens. Je remerciois cet Etre souverainement parfait & souverainement puissant, dont je viens de vous parler, des bontés qu'il avoit pour moi. Car enfin, puisqu'il a créé jusqu'au plus petit grain de sable, il n'y a pas de doute qu'il ne veille à l'ordre & à la conservation de ce grain de sable; & si, étant souverainement intelligent, rien n'arrive que par sa volonté, nous devons sans cesse lui rendre graces des bontés qu'il a pour nous.

Ce que vous m'apprenez, me répondit *Kinsqui-Cala*, me paroît si naturel & si aisé

à

à comprendre, que je ne vois pas comment j'ai pu rester jusqu'à ce jour, sans faire de moi-même les réflexions que vous me faites faire. Par quel hazard arrive-t-il que cette Divinité puissante, dont l'idée est si naturelle, n'ait été encore apperçue d'aucun des habitans de ce Païs ? Hé quoi ! lui demandai-je, est-il bien possible que tous vos Compatriotes soient dans l'ignorance que vous dites ? Ils pensent, reprit *Kinsqui-Cala* que les hommes ont été de tout tems, & que la génération s'est faite dans tous les siècles comme aujourd'hui. Ils sont donc persuadés, repliquai-je, qu'après la mort il n'est aucune peine & aucune récompense ? Est-ce qu'au-delà du trépas, répondit le Sauvage, il y a encore du bien & du mal? Comment notre corps, lorsqu'il est en poudre & détruit, peut-il être sensible?

Notre corps, lui dis-je, n'est qu'un amas de matiére incapable de penser. Vous ne voyez pas que les Arbres & les Rochers soient susceptibles de la Raison: les corps humains sont composés de la même essence: si avec de l'étendue, de la profondeur, de la solidité, vous croyez qu'on puisse former la pensée, votre corps est sans doute capable de concevoir & de raisonner; mais si dans tous ses attributs vous ne trouvez que la même matiére qui constitue ce Rocher, ou

cet

cet Arbre, il faut chercher dans vous-même un principe plus noble que la matiére, auquel vous puissiez attribuer la pensée; ce principe s'appelle l'Ame & n'a rien de matériel, comme la Matiére n'a rien de spirituel.

Mais comment se peut-il faire, répondit *Kinsqui-Cala*, qu'une chose qui n'est point matérielle puisse agir sur la Matiére, & que le corps puisse, à son tour, opérer sur cette Ame spirituelle? Je pourrois, répondis-je au Sauvage, vous apporter plusieurs raisons que les Philosophes Européens donnent de cet effet surprenant; mais comme elles sont peu convaincantes, il faut avoir recours à la Divinité, té, dont vous êtes actuellement persuadé. Il est des Secrets qu'elle a voulu cacher aux foibles Mortels; & parce que nous ne les pénétrons pas, il seroit ridicule d'en nier la réalité. Dès qu'on démontre que la Matiére n'est point susceptible de la pensée, il s'ensuit nécessairement que l'Ame ne peut-être matérielle; ainsi bien que nous ne comprenions pas comment elle fait ses opérations, nous sommes cependant assûrés qu'elle est spirituelle.

Quoique ce que vous dites, répondit *Kinsqui-Cala*, paroisse évident, je ne puis cependant comprendre comment une chose peut-être & n'être point composée de matiére. Je vais

vais vous le faire sentir aisément, repliquai-je. Cette Divinité, de l'existence de laquelle vous êtes actuellement persuadé, est puissante, intelligente (vous en êtes déja convenu); mais il faut encore qu'elle soit spirituelle. En voici la preuve. Vous êtes assûré que tout ce qui est matériel a des parties différentes: or tout ce qui a des parties pouvant être divisé, si la Divinité étoit matérielle, elle seroit sujette à la division: elle seroit sujette à toutes les imperfections, au changement, à la corruption: il y auroit d'ailleurs autant de Divinités que de grains de sable, puisque chaque partie de la Matiére seroit un Dieu par-

ticu-

ticulier ; ainsi, comme il feroit absurde de dire qu'un Tout divin est composé de parties non divines, voyez les horreurs & les ridiculités qui découlent de cette opinion, dès qu'on reconnoît une Divinité. La Lumiere naturelle veut qu'on la croye spirituelle : il existe donc quelque chose de spirituel ; & par conséquent il n'est plus impossible de concevoir que nos Ames puissent n'être pas matérielles.

Prenez garde, continuai-je, que la sagesse de la Divinité exige que cette Ame spirituelle soit éternelle, pour qu'elle puisse la récompenser, ou la punir, selon les actions qu'elle aura faites dans cette Vie. Mais

Mais ne dépend-il pas, répondit *Kinſqui-Cala*, de cette Divinité toute-puiſſante, que tous les hommes ſoient vertueux ? Puiſqu'elle a eu le pouvoir de les créer, ſans doute elle a celui de diſpoſer de leur cœur, & pour les porter au bien elle n'a qu'à vouloir : pourquoi donc ſouffre-t-elle, par exemple, que les autres Européens, qui ſont arrivés dans notre Païs, y ayent commis les cruautés qu'ils y ont exercées ; au-lieu de les en punir un jour, elle n'avoit qu'à les rendre vertueux, ils l'euſſent été dès qu'elle l'eût voulu ?

Si la Divinité, repliquai-je, avoit déterminé toutes les actions des hommes, ils n'auroient eu aucun mérite à suivre la Vertu : elle leur a donné une liberté entiére ; & c'est en cela que sa Justice se manifeste, puisqu'elle est en droit de récompenser & de punir suivant l'usage qu'on a fait de cette liberté. Mais il est des hommes, dit *Kinsqui-Cala*, à qui elle n'a pas même daigné se faire connoître. Ce sont-là, repliquai-je, des choses qu'il ne nous est pas permis d'approfondir : ne condamnons jamais les desseins & les ordres d'un Etre que nous nous démontrons être souverainement parfait : nous savons sûrement qu'il ne sauroit faire des injustices, puisque nous nous sommes déja démontré qu'il doit être souverainement juste ; il faut

faut soumetre notre esprit, lorsque nous rencontrons certaines difficultés.

Mes discours eurent l'effet que je souhaitois : je persuadai à *Kinsqui-Cala* tous les sentimens dont j'étois persuadé moi-même; & j'eus la satisfaction, avant que de le renvoyer à ses Compatriotes, de le voir convaincu des Vérités que je lui avois révélées. La veille qu'il devoit partir du Fort, je lui dis de choisir, parmi les Marchandises que j'avois, ce qui pouvoit lui faire plus de plaisir; il ne prit qu'un Sabre, un petit Miroir, & un Collier de crystal. Surpris de sa modération, je lui demandai pourquoi il ne prenoit rien de plus ? J'ai assez de marques de ta bonté, me répondit-il, & ceci me suffit : le Sabre est pour défendre une personne que j'aime plus que ma vie : ce Miroir est pour lui montrer combien elle est belle ; & ce Collier lui sera une preuve des bontés que tu as eues pour moi.

Ce que me disoit *Kinsqui-Cala* excita ma curiosité. Je compris qu'il devoit être amoureux. Quoiqu'il m'eût déja parlé d'une partie des coutumes & des cérémonies de ces Contrées, il ne m'avoit jamais parlé de leur maniére de faire l'amour ; je le priai de m'apprendre quelques particularités de la personne qu'il aimoit. Je vais, me dit-il, satisfaire ta curiosité, & tu verras que la candeur & la vertu
peu-

peuvent habiter parmi des Sauvages tels que nous.

HISTOIRE DE KINSQUI-CALA, ET D'ALCANIRA.

JE t'ai déja appris, continua *Kinsqui-Cala*, dans les conversations que nous avons eues au sujet de mes Compatriotes, la façon dont nous vivons dans nos Cabanes : la paix & la tranquilité y régnent : les hommes s'occupent à la Chasse ou à la Pêche : les femmes préparent les viandes & ont soin d'apprêter ce qu'il faut pour les repas de leurs maris ; c'est-là la seule occupation qu'elles ayent.

Nous ne pouvons avoir chacun qu'une seule femme ; &
nous

nous ne saurions la quitter, si elle ne nous en donne une raison essentielle. Lorsqu'elle est convaincue d'avoir accordé des faveurs qu'elle ne doit prodiguer qu'à son époux, on peut la congédier ; mais il faut lui donner de quoi vivre pendant un an, pour qu'elle puisse avoir le loisir de chercher un autre mari. Nos anciens Caciques nous ont appris, & leurs instructions ont passé de pere en fils, qu'en punissant les fautes, il falloit avoir égard à la foiblesse humaine : aussi n'est-il point permis au Cantki-Cacique, Ouches des Caciques, notre Souverain, de faire mourir un homme pour un seul crime, ni à un Pere de Famille de maltraiter ses enfans

fans pour une feule faute ; il leur eſt ordonné par nos Loix d'examiner, avant que de châtier quelqu'un, ſi la faute qu'il a commiſe, n'eſt point balancée par des ſervices qu'il peut avoir rendus, & par mille actions vertueuſes, qui méritent bien qu'on faſſe grace à un crime que la foibleſſe humaine a ſouvent occaſionné.

Il eſt donc permis à un homme de punir les infidélités de ſa femme, mais nous voulons qu'en puniſſant, il ne ſorte point des bornes de l'humanité ; & pour éviter, autant qu'on peut, ces divorces honteux, l'on a une grande attention de n'unir que des perſonnes dont les humeurs & les caractères ſe conviennent.

Lorſ-

Lorsqu'un Pere de Famille veut marier sa fille, il fait publier dans les Cabanes, qu'il commencera à la mettre un tel jour au *Kakarika*, c'est-à dire, à *l'examen*. Alors tous les Jeunes gens, qui prétendent l'obtenir, viennent pendant trois mois lui faire leur cour: quelques-uns se retirent plutôt, quelques-autres plus tard, selon qu'ils trouvent des défauts dans la jeune Fille. Ceux qui continuent leurs assiduités jusqu'à la fin du tems prescrit, & qui sont également touchés des charmes & des qualités de leur Maîtresse, se rangent en haye, chacun tenant une Allumette à la main: le Pere conduit sa fille & lui fait passer

en

en revûe tous ses Galants, qui attendent la décision de leur sort ; & celui à qui elle éteint l'Allumette est le fortuné. Alors il sort du rang, se jette aux pieds du pere de sa femme, à qui il demande sa protection & son amitié ; puis se releve, donne un baiser à sa femme, & la cérémonie du mariage est faite. Après cela, il mene son épouse dans sa Cabane, & donne, pendant trois jours, à manger à tous ses anciens Rivaux, qui se soumettent, sans se plaindre, à la décission de leur ancienne Maîtresse, & vont chercher au premier *Kakarika* une femme qui leur soit plus favorable.

Je ne t'instruis de ces coutumes,

tumes, continua *Kinsqui-Cala*, que parce que delà dépend l'éclaircissement de ce que tu veux que je t'apprenne. *Cuni-Curiquis*, Cacique du Lac, qui commande dans les Cabanes, qui sont à six journées d'ici, fit annoncer, il y a environ huit mois, qu'il mettoit sa fille au *Kakarika* : la beauté d'Alcanira, c'est ainsi qu'on l'appelle, attira bien-tôt un si grand nombre de Prétendans, que nous nous trouvames soixante Concurrens. Le premier mois s'écoula, sans qu'aucun se fût dégoûté : tous ses Amans étoient aussi empressés à la fin, que le premier jour ; ils s'efforçoient de plaire, à l'envi les uns des autres. Alcanira étoit

com-

comblée de presens : l'un apportoit la chasse qu'il avoit faite, l'autre lui offroit sa pêche : quelques-uns lui présentoient des couronnes de fleurs, des Arcs d'un bois rare & précieux, des fléches garnies d'os de poisson : plusieurs lui donnoient des Corsets de jonc & des garnitures des plus belles plumes : elle recevoit tous ces presens, sans dédain & sans fierté ; mais elle y paroissoit peu sensible.

J'apportois, comme mes Concurrens, aux pieds de la belle Alcanira, tout ce que je croyois qui pouvoit lui plaire : j'examinois attentivement ses yeux : je tâchois de découvrir si j'y appercevrois quelque chose qui pût m'apprenprendre que mes prefens étoient plus agréables que ceux de mes Rivaux : il m'étoit impoſſible de découvrir rien qui pût flater mon attente ; quoique peut-être plus amoureux que mes Rivaux je n'avois pas plus deſpérance.

La crainte de ne pouvoir plaire à Alcanira me jetta dans une triſteſſe que je n'étois point le maître de cacher: je m'efforçois cependant de diſſimuler : je craignois que ma mélancolie ne prévint contre moi ma belle Maîtreſſe: j'affectois donc de paroître gay & joyeux ; mais lorsque le cœur eſt atteint d'une vive douleur, vainement l'eſprit s'empreſſe-t-il de vouloir la cacher au travers d'une joye froide

froide & insipide, le chagrin perce aisément cette affectation. Alcanira s'apperçut de ma tristesse, elle en comprit facilement la cause : & comme l'amour agissoit dans son cœur, quoiqu'elle eût pris soin de me cacher mon bonheur, elle voulut me donner quelque legére espérance : sa gloire demandoit qu'elle ne se déclarât absolument qu'au moment des Allumettes ; mais elle crut pouvoir se dispenser de tant de rigueur. Ce qui la détermina à cette démarche, ce fut, à ce qu'elle m'a dit depuis, la crainte que je ne me dégoûtasse, & que le dépit ne me fît retirer avant la fin des trois mois.

Un jour que j'avois tué un jeu-

jeune Fan, j'allai d'abord le lui préſenter : ſouffrirez-vous, belle Alcanira, lui dis-je, que je vous offre la chaſſe que j'ai faite ce matin : hélas! le ſort de cet Animal eſt plus heureux que le mien ; il ne reſſent plus aucun mal, & je ſuis deſtiné à traîner une vie infortunée. Eh quelle eſt donc la cauſe de vos malheurs, me demanda ma belle Maîtreſſe? qui peut vous obliger à ſouhaiter la mort? Le deſeſpoir de ne pouvoir vous plaire, lui répondis-je, & la douleur que je reſſens d'être bien-tôt ſéparé de vous pour toujours. Eh qui vous a dit que vous ne ſauriez me plaire, repliqua Alcanira ? Le tems des Allumetes eſt encore éloigné d'un mois :

mois : comment donc savez-vous si je soufflerai la vôtre, ou celle de vos Riveaux ? Je juge, repartis-je par vos rigueurs présentes, des maux qui m'attendent à l'avenir ; & si je pouvois espérer quelque chose, vos maniéres, ou du moins vos yeux, me l'auroient appris. J'ai examiné avec soin votre conduite : les presens de mes Concurrents ont été reçus avec autant de marques d'amitié que les miens : vous leur souriez aussi agréablement qu'à moi : vous permettez qu'ils portent des plumes & des fleurs qu'ils prennent à votre coifure : vous vous défendez foiblement, lorsqu'ils vous les enlévent : vous paroissez quelquefois distraite

pour

pour occasionner leurs larcins: hélas! ils sont plus heureux que moi. Comme ils vous aiment moins, ils sont moins timides; & lorsqu'ils sont assez fortunés pour se saisir des fleurs qui ornent votre belle tête, je n'ose qu'envier leur bonheur.

Si c'est-là ce qui cause votre tristesse, me dit Alcanira, il sera bien aisé de la faire cesser: elle ôta pour lors la couronne qu'elle avoit, & m'en fit un présent. Recevez, me dit-elle, ce don comme un gage futur de votre bonheur; vous savez que les Loix de nos anciens Caciques me défendent de me déclarer avant que le *Kakarika* soit expiré: ainsi contraignez-vous, n'exigez

gez point que je viole des coutumes établies; plus j'aurai de Rivaux à vous sacrifier le jour des Allumettes, plus ma gloire & votre triomphe seront illustres. Je ne demande, lui-dis-je, d'autre triomphe que celui de vous posséder : je sai que j'en suis indigne; mais enfin, je vais désormais vivre dans un douce espérance, puisque vous me promettez de m'élever au comble du bonheur. Que je ne puisse rencontrer aucun Animal lorsque j'irai à la chasse, &, qu'après avoir brûlé les os des poissons, je ne prenne jamais rien dans mes filets, si je suis assez malheureux pour oublier vos bienfaits !

Mon cœur, me dit Alcanira, n'a pas besoin de sermens
E *pour*

pour se rassûrer ; il en croit votre amour, & plus encore votre vertu. Mais si jamais je venois à me rendre indigne de votre tendresse, je n'exige point que vous continuyez de m'aimer : je sai que, dès que je serai votre femme, je dois par toute sorte d'attention mériter votre amour : aussi me verrez-vous toujours soumise aux loix de nos anciens Caciques : observer les moindres règles qu'ils ont établies pour le mariage : je n'aurois pas même eu besoin pour les suivre qu'elles eussent été ordonnées ; ma tendresse & mon amour me les auroient prescrites.

Les sentimens d'Alcanira ramenérent la tranquilité dans mon

mon ame : je repris ma premiére gayeté : mes Rivaux, qui tous se flatoient d'être heureux, & qui pendant les trois mois du *Kakarika*, loin de se dégoûter, étoient devenus plus amoureux, attendoient avec impatience le jour des Allumettes : enfin, il arriva, & nous nous trouvames soixante Concurrents comme le premier jour ; aucun n'avoit perdu l'espoir de plaire & d'être aimé. Alcanira passa devant tous ses Amants, qui tenoient chacun leur allumette : j'étois des derniers, & plus de cinquante virent leurs vœux trompés ; tant d'Amants malheureux attendoient avec impartience quel seroit le fortuné. Enfin,

Alcanira arriva auprès de moi: elle souffla mon allumette d'un air modeste : je me jettai aux genoux de son pere : je le priai de m'accorder son amitié en me donnant sa fille ; j'embrassai ensuite ma chere Maîtresse, & la conduisis dans ma Cabane.

Mon bonheur étoit trop grand pour pouvoir être de longue durée; quinze jours après mon mariage les Habitans de la Côte Méridionale, qu'on appelle les Quacacites, nous déclarérent la guerre. Nous avions toujours vêcu avec eux en freres plutôt qu'en voisins : &, quoique notre Gouvernement fût entiérement séparé du leur, nous n'avions jamais rien eu à démêler

mêler ensemble; mais Monteze, leur Souverain Cacique, esprit inquiet & remuant, rompit l'union qui duroit depuis si long-tems. Il nous insulta plusieurs fois, il vint pêcher dans nos Etangs, suivi d'un nombre de ses Sujets, il dépeupla nos Forêts de Gibier. Nous souffrimes pendant long-tems ses maniéres hautaines plutôt que d'en venir à une rupture; enfin nous fumes excédés par les violences qu'il commettoit. Zamore Kanti-Cacique, notre Souverain, nous ordonna de prendre les armes, & de repousser par la force les Quacacites: nous fumes bien-tôt prêts à marcher; & l'on vit les Troglocites aussi ardents à vanger leurs

leurs injures, qu'ils avoient été patients à les dissimuler.

Il fallut que je quittasse ma chere Alcanira pour joindre notre Armée: elle remporta plusieurs victoires sur celle de nos Ennemis; & nous étions à la veille de les forcer à faire la paix, lorsqu'ils nous attaquérent un jour, soutenus par des hommes qui nous étoient inconnus, & qui se servoient des mêmes armes que vous autres. Quoiqu'ils ne fussent qu'au nombre de quarante, le bruit & l'effet de leurs fusils nous étonna si fort, que nous primes la fuite.

Nous résolumes, pour combattre avec plus d'avantage, d'attirer nos Ennemis dans nos

nos Forêts ; nous fimes une marche de plus de vingt lieues & nous vinmes camper dans cette Plaine, où nous vous rencontrames. Nous crumes que vous étiez les Camarades de ces fiers ennemis qui nous avoient forcés à fuir, nous résolumes de périr, ou de nous vanger ; mais le bruit & l'effet de vos Pierriers nous causa encore plus de terreur. Nous ne doutames plus que vous ne fussiez des hommes extraordinaires qui aviez le Tonnerre à votre disposition. Nous primes le parti de nous retirer dans le plus épais de la Forêt, où nous avions laissé nos femmes dans un lieu, où elles étoient en sûreté ; & qui, pour
ain-

ainsi dire, étoit impénétrable à ceux qui ne connoissoient pas la route secrette qui y aboutit. Je fus pris, comme vous savez, lorsque *Sumika* alloit m'emporter : je comptois d'être égorgé dès le même jour ; car dès que ces Etrangers prennent un de nos Camarades, ils le massacrent au pied d'une Figure de bois. Nous avons appris cette cruauté par quelques-uns des Quacacites, leurs Alliés, que nous avons faits prisonniers, & qui pourtant n'ont reçu de nous aucune injure, ne voulant point punir un crime par un autre. Jugez de ma surprise & de celle de *Sumika*, lorsqu'au lieu de la mort, nous re-

reçumes de vous toute sorte des bons traitemens. Nous ne savions à quoi les attribuer, ne pouvant rien du tout comprendre à votre Langage; nous crumes toujours que vous étiez les camarades des autres Etrangers. *Sumika* est parti dans cette opinion, & vous ne devez point être surpris si vous ne l'avez plus revu. Mais puisque tu veux me rendre la liberté je vais apprendre à mes Compatriotes, dont peut-être une partie est déja périe, que le Ciel leur envoye des Libérateurs qui viennent punir les crimes de leurs Ennemis. Quelque charmé cependant que je sois, de pouvoir être utile à ma Patrie, je sens que le plaisir de pouvoir revoir ma chére Alcanira l'emporte sur-tout.

Fin de la premiére Partie.

LE LÉGISLATEUR MODERNE, OU LES MÉMOIRES DU CHEVALIER DE MEILLCOURT.

SECONDE PARTIE.

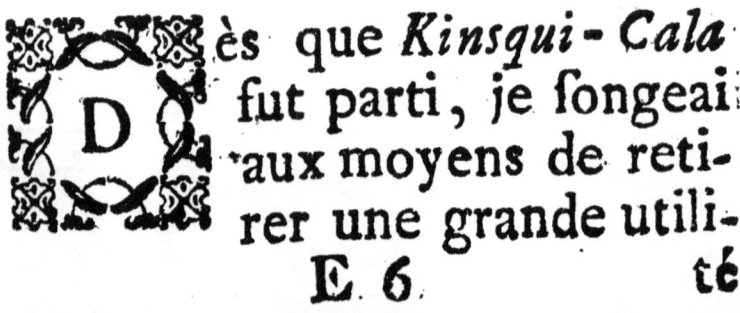ès que *Kinsqui-Cala* fut parti, je songeai aux moyens de retirer une grande utili-té

té de l'Alliance que j'allois faire avec les Sauvages. Je voyois bien qu'il étoit inutile que je me flataſſe que quelque Vaiſſeau Européen abordât ſur ces Côtes : la tempête m'y avoit pouſſé & le ſeul hazard me les avoit fait découvrir ; il y avoit une eſpèce de folie à fonder ces eſpérances ſur un autre hazard auſſi incertain.

Tous mes Camarades étoient perſuadés de la même choſe : la beauté du Païs & la douceur du Climat leur rendoit leur ſituation beaucoup moins dure. Dès qu'ils furent inſtruits des mœurs, de la vertu & de la probité des Troglocites, ils réſolurent de leur demander quelques-unes de leurs filles

en

en mariage, & de s'établir pour toujours sur ces Côtes. Ils me proposérent leur dessein; je l'approuvai & les encourageai même, pour qu'ils y persistassent. Puisque le Ciel, leur dis-je, nous a conduis sur ces bords, il faut en nous soumettant à ses volontés nous procurer toutes les aisances de la vie, & y fonder une Ville. La Providence a permis que nous conservassions les provisions que nous avions dans notre Vaisseau; elles peuvent suffire à nous procurer des expédients pour trouver ce qui pourra nous manquer.

Dans le dessein de profiter des heureuses dispositions que je voyois dans mes Camarades, je fis une exacte revûe des

des provisions qui nous restoient. Nous avions encore du biscuit pour plus de trois mois; mais ce que je trouvai qui me fit le plus de plaisir, furent trente Sacs de bled que nous avions chargés au Cap de Bonne Espérance. J'ordonnai qu'on commençât à cultiver les terres, & qu'on se servît de ce grain pour les ensemencer. Nous employames les fers que nous avions tirés des débris du Vaisseau pour faire des bêches; car faute de Bœufs & de Chevaux nous ne pouvions user de charrues. Je distribuai à chaque particulier une certaine étendue de terre, & en dix ou douze jours les environs du Fort furent ensemencés.

Lors-

Lorsque j'eus pourvu à l'Agriculture, je songeai à ménager nos armes, & notre poudre, il y en avoit encore beaucoup; mais comme je ne savois point si nous pourrions trouver du salpêtre & du souffre dans l'Ile, je défendis d'y toucher sans mon ordre. J'en distribuois toutes les semaines une petite quantité à ceux qui alloient à la chasse. J'avois beaucoup fait augmenter le nombre des Cabanes: il n'y avoit que quatre personnes dans chacune; & l'intérieur du Fort sembloit déja à une petite Ville.

Lorsque j'eus pourvu à tout ce que je crus nécessaire pour assûrer le repos & la tranquilité de mes Compagnons, je vou-

voulus leur faire choisir la forme de Gouvernement qui leur seroit la plus agréable. Je n'avois accepté le Commandement que pour leur être utile, & je n'étois point tenté de la folle ambition de voir des hommes qui me fussent inférieurs: j'aurois souhaité de les surpasser en vertu, c'étoit-là ma seule passion; j'assemblai donc tous les habitans du Fort & leur parlai en ces termes.

HARANGUE.

,, Lorsque le Ciel nous pous-
,, sa sur ces bords, vous cru-
,, tes, mes chers Compagnons,
,, entrevoir dans moi quelque
,, talens, qui pourroient vous
,, être utiles: vous me nom-
,, mates

„ mates votre Chef, vous me
„ donnates un pouvoir abſo-
„ lu ; je crois que j'ai été aſſez
„ heureux pour n'en point
„ abuſer. J'ai tâché de vous
„ procurer tous les biens que
„ j'ai pu, & ſi j'ai mal agi
„ en quelque choſe, j'ai man-
„ qué plutôt par inadvertan-
„ ce que par malice. Mais au-
„ jourd'hui que vous voilà
„ tranquiles : que vos terres
„ enſemencées vous promet-
„ tent une récolte abondan-
„ te : que ce Fort vous met
„ à labri des injures de vos
„ ennemis : je penſe qu'il eſt
„ de mon devoir de vous re-
„ mettre cette Autorité Sou-
„ veraine, dont vous m'aviez
„ fait le dépoſitaire ; vous
„ n'avez beſoin pour vous
„ con-

„ conduire, que de suivre
„ cette vertu qui jusqu'ici a
„ réglé vos actions.

„ Cependant comme il faut
„ que dans tous les Etats il
„ y ait des gens, qui soient
„ chargés des Affaires publi-
„ ques; nommez un certain
„ nombre d'entre vous autres
„ pour prendre le Gouverne-
„ ment de cette nouvelle Co-
„ lonie. Je vous avoue na-
„ turellement, mes chers Com-
„ pagnons, que je regarde l'E-
„ tat Républicain comme plus
„ conforme à la Loi Naturel-
„ le, que le Monarchique:
„ dans ce dernier Gouverne-
„ ment il est permis à un seul
„ de faire impunément toutes
„ choses à sa fantaisie: sou-
„ vent le plus honnête hom-
„ me

„ me qu'on éleve au Trône
„ se corrompt & se laisse
„ dépouiller de ses meilleures
„ qualités : outre l'envie qui
„ prend naissance, pour ainsi
„ dire, avec l'homme, l'inso-
„ lence naît des biens & des
„ prospérités présentes; & qui-
„ conque est assez malheureux
„ pour avoir ces deux vices à
„ tous les autres ensemble.
„ Je vous conseille donc de
„ ne point vous soumettre
„ aux caprices d'un seul hom-
„ me : si jusqu'ici vous avez
„ été contens de moi, que
„ savez-vous ce qui peut ar-
„ river dans la suite ? Préve-
„ nez toutes les difficultés &
„ choisissez six personnes que
„ vous changerez tous les
„ ans, & qui seront char-
„ gées

,, gées de la conduite de vos ,, affaires ".

Lorsque j'eus fini de parler, je m'assis pour attendre la réponse de mes Compagnons. Il s'éleva parmi eux un grand bruit : ils ne vouloient point absolument que je quittasse le Commandement : ils s'écrièrent tous que j'étois le seul digne de les gouverner ; & qu'outre les bienfaits, dont ils m'étoient redevables, ils étoient plus que jamais obligés de me reconnoître pour leur Souverain.

Alors le Capitaine de Vaisseau se leva & parla pour tous ses Camarades. Nous vous supplions, me dit-il, de conserver l'Autorité que vous avez acceptée : & vous aurez pour nous

nous cette complaisance, s'il est vrai que vous nous aimez. Vous nous avez montré les inconvéniens de l'Etat Monarchique; mais ceux du Républicain ne sont-ils pas cent fois plus grands? Peut-on s'imaginer rien de moins sage & de plus insolent que la Multitude? Pourquoi voulez-vous que nous nous retirions de la puissance d'un seul, pour nous abandonner à la Tyrannie d'un Peuple très-souvent aveugle & déréglé? Quelques défauts que vous trouviez dans le Pouvoir Monarchique, il faut cependant avouer que si un Roi fait quelqu'entreprise, il la fait ordinairement avec connoissance de cause; mais le Peuple est un Monstre aveugle,

gle, qui n'a ni raison, ni capacité. Eh comment pourroit-il savoir quelque chose s'il n'a jamais été instruit? Il ne connoît ni la bienséance, ni la vertu : il ignore même ses propres interets : il agit dans toutes ses actions sans jugement & sans ordre; il se laisse toujours entraîner à sa précipitation. Dès le moment que vous nous auriez remis l'Autorité Souveraine, dont vous êtes revêtu, nous voudrions tous commander ; & en croyant nous rendre libres, vous nous rendriez Esclaves. Je connois la nécessité de la subordination & du pouvoir d'un seul; & dans tous les Voyages que j'ai faits sur la Mer, j'ai vu que les Vaisseaux les mieux réglés

&

& les mieux conduis étoient ceux dont les Commandans étoient les plus absolus.

A peine le Capitaine eut-il fini son Discours, que tout le monde s'écria d'une commune voix qu'on ne vouloit obéïr qu'à moi seul : il falut que je cédasse à l'envie de mes nouveaux Sujets. Le Capitaine de Vaisseau & St. Cyran, mon ami, m'enlevérent par force de ma place & me portérent jusqu'à ma Cabane, suivis de tout les Soldats qui crioient : *Vive notre Roi*, *Vive notre Protecteur*. Ils voulurent me prêter sur l'heure le serment de fidélité : ils défilérent tous l'un après l'autre devant moi ; & jurérent au nom de la Divinité qu'ils obéïroient à mes

mes ordres, sans que rien pût les en dispenser.

Dès que j'eus été reconnu Souverain de la nouvelle Colonie, je crus que je devois renouveller mes soins pour rendre heureux mes Sujets. J'attendois avec impatience le retour de *Kinsqui-Cala*: il y avoit plus d'un mois qu'il étoit parti; & je commençois à craindre qu'il ne lui fût arrivé quelque accident, lorsqu'un jour une Sentinelle avertit qu'il découvroit une troupe de deux ou trois cens hommes, qui s'avançoient vers le Fort. Je fus moi-même les reconnoître : je montai sur le parapet du rempart & je crus appercevoir *Kinsqui-Cala* & son Ami *Sumika* à la tête de ses Sauvages. Cependant
je

je me précautionnai contre toute sorte de surprise : je fis préparer le Canon : les Soldats bordérent les remparts ; & j'envoyai le Capitaine avec vingt hommes, pour reconnoître les gens qui s'avançoient vers le Fort.

Kinsqui-Cala, ayant apperçu que nos Soldats alloient au-devant de lui, fit faire alte aux Sauvages, & s'avança suivi seulement de *Sumika*. Le Capitaine l'embrassa avec de grandes marques d'amitié, & le conduisit au Fort, où je le reçus comme une personne à qui j'allois être redevable de la tranquilité & du bonheur de la Colonie. Je lui demandai pourquoi il étoit venu avec tant de monde ? Dès que j'ai appris, me dit-il, à mes camarades les bienfaits que j'ai reçus de toi, & que je leur ai raconté les bontés que tu voulois avoir pour eux, les Caciques assemblés ont ordonné que chaque Chef des Cabanes t'enverroit un present: on a choisi deux cens cinquante hommes pour te les apporter; & comme je savois, à peu près, les choses dont tu pouvois avoir plus besoin, j'ai moi-même ordonné les presens qu'on devoit te faire. Nous t'apportons cent cinquante charges d'hommes de Millet, dont tu pourras faire un pain aussi délicat, qu'est celui que tu manges; le reste consiste en viande, tant salée que boucanée,

née, & en nates de jonc qui pourront être très-utiles dans tes Cabanes.

Je remerciai *Kinſqui-Cala* des biens qu'il procuroit à mes Sujets : je ne voulus point recevoir tous les Sauvages dans le Fort ; mais j'envoyai *Sumika* avec le Capitaine de Vaiſſeau, pour m'amener trois Caciques, qui venoient conclure l'Alliance que je voulois faire avec leur Nation. Je fis porter, par vingt hommes, des Corbeilles remplies de biſcuit avec pluſieurs flacons d'Eau-de-Vie. J'ordonnai qu'on diſtribuât à chaque Sauvage un couteau & une paire de ciſeaux : ils regardèrent ce preſent comme quelque choſe de très-conſidérable ; & lorſqu'ils furent campés

pés auprès du Fort, je leur fis dire que, pendant le tems qu'ils y resteroient, j'aurois soin que rien ne leur manquât.

Le Capitaine de Vaisseau & *Sumika* ayant amené les trois Caciques, je les régalai le mieux qu'il me fut possible; & je leur promis de les assister eux & leurs Camarades de tout ce qui dépendroit de moi. Nous avons, me dit *Kinsqui-Cala*, qui servoit d'Interprête aux Envoyés Sauvages, un besoin infini de ta protection; & si tu n'étois pas venu à notre secours, nous serions sans doute tous péris. Depuis que j'ai été fait prisonnier, nos fiers Ennemis, aidés des cruels Etrangers, ont gagné

gagné deux batailles : ils se sont emparés de tous nos Lacs: ont brûlé nos Champs couverts de Millet; & nous ont contraint de nous sauver dans un endroit de la Forêt, où sont nos femmes & nos enfans comme dans un lieu inaccessible.

Cependant la haine & la fureur des Quaquacites n'ont point diminué : ils n'ont eu aucun égard à l'état auquel ils nous ont réduits : ils ont voulu pénétrer jusqu'à l'endroit que nous avons choisi pour notre retraite; mais il leur a été impossible de pouvoir réussir dans leur dessein. Ils étoient obligés pour venir jusqu'à nous de monter au haut d'une Montagne escarpée: ils
ne

ne pouvoient y parvenir que par un petit sentier excessivement droit & roide; nous l'avions rempli d'Arbres coupés; & lorsqu'ils vouloient les enlever & n'étoyer le chemin, nous faisions rouler sur-eux de grosses pierres, qui les estropioient & les entraînoient souvent avec elles. Les armes à feu des Etrangers devenoient inutiles: comme ils n'ont ni Canon, ni Pierriers, ils ne pouvoient nous faire aucun mal, étant trop éloignés de nous; cela les a obligés de se désister de leur entreprise. Ils sont sortis de la Forêt & ont achevé de ruïner nos terres: ils ont mis le feu à nos Cabanes qu'ils ont trouvées desertes; après quoi ils se sont reti-

retirés dans leur Païs. Leur deſſein eſt de nous ſurprendre lorſque nous ferons ſortis de notre retraite, dans laquelle nous ne ſaurions reſter encore long-tems ; parce que les proviſions nous manqueroient bien-tôt, ne pouvant aller à la pêche, & nos ennemis ayant dépeuplé la Forêt de gibier pour nous obliger d'abandonner notre poſte.

Nous avons pris le tems qu'ils nous ont donné quelque relâche pour venir t'implorer : mes Compatriotes n'eſpérent plus qu'en toi : je les ai aſſûrés que tu aurois pitié de leurs malheurs : ils ont d'autant plus ajouté foi à mes diſcours, que je leur ai fait connoître, ou du moins à pluſieurs d'entre eux,

eux, les Vérités que ta m'as apprises; ils croyent qu'un homme qui annonce aux autres des choses aussi importantes ne laissera pas opprimer l'innocence.

J'assûrai de nouveau *Kinsqui-Cala* que j'assisterois ses Compatriotes autant qu'il dépendroit de moi : je m'informai ensuite des forces des Quacacites, de leur maniére de combattre & des armes dont ils se servoient; j'appris qu'ils combattoient comme les Troglocites, & qu'ils étoient armés de la même façon.

Je voulus profiter de l'avantage que je pouvois tirer du fer que j'avois enlevé du Vaisseau : je fis faire par trois Forgerons, que j'avois parmi mes Sol-

Soldats, quatre cens fers de Lance, de la longueur d'un demi-pied : j'aurois pu armer plus de deux cens Sauvages des fusils & des pistolets que j'avois de surplus : mais je crus qu'ils pourroient faire un mauvais usage de ces armes, n'y étant point accoutumés ; je voulois d'ailleurs ménager ma poudre, & je ne m'en servois qu'avec beaucoup d'économie.

Comme notre Vaisseau étoit parti dans le dessein de découvrir de nouvelles Terres, nous avions porté une grande provision de pelles, de pioches, de marteaux, de cloux, d'armes, & de toutes les autres choses que nous avions cru nécessaires ; aussi nous servirent-elles utilement.

Dès que j'eus donné ordre à tout ce que je jugeai pouvoir être nécessaire, je fis monter sur des manches forts, & capables de résister, les fers de Lances que j'avois fait faire : je distribuai une de ces armes à chacun des deux cens cinquante Sauvages qui étoient campés sous le Fort, & qui passoient pour les plus courageux de leur Nation : j'ordonnai à St. Cyran & au Capitaine de Vaisseau de leur apprendre la façon de marcher & de combattre en Bataillons; & dans l'espace de cinq ou six jours, que j'employai encore à préparer tout ce dont mon Armée pouvoit avoir besoin, ces nouvelles Troupes furent assez disciplinées, pour
pou-

pouvoir garder une espèce d'ordre dans leurs marches & dans leurs attaques.

Je partis enfin du Fort, où je ne laissai que cent hommes, & je menai avec moi cent quarante Soldats. Mon Artillerie étoit composée de quatre Pierriers & de deux Canons de quatre livres de balle : cent Sauvages étoient chargés de la conduite de chaque Piece ; ils étoient vingt-cinq à la tirer, & se relevoient de demi-heure en demi-heure. Ils formoient le Corps de l'Armée, & ils étoient soutenus de quatre-vingt de mes Soldats : vingt autres avec cinquante Sauvages faisoient l'Avant-garde ; & l'Arriére-garde étoit composée des quarante

Européens qui restoient.

Je demeurai trois jours en marche avant que d'arriver à l'entrée du Bois : je campai au même endroit où j'avois déja campé; & le lendemain, dès que le jour parut, je fis défiler mes Troupes dans la Forêt.

J'avois envoyé, quelques heures auparavant, un Détachement de cinquante Sauvages, pour reconnoître si l'on ne nous auroit point dressé quelqu'embuscade, & pour nous préparer les chemins, afin que rien ne nous arrêtât dans notre route.

Tout réussit favorablement: les Quacacites n'avoient aucune connoissance de ce qui se passoit ; & nous arrivames tran-

tranquilement au pied de la Montagne, qui servoit de retraite au Troglocites. Dès qu'ils reconnurent leurs Camarades, & qu'ils virent avec eux le secours qu'ils espéroient, ils ne purent résister à l'impatience de considérer de près leur Libérateur : ils descendirent en foule dans la Plaine; les Vieillards venoient en pleurant embrasser les genoux des Soldats Européens. Ceux à qui *Kinsqui-Cala* avoit appris les Vérites que je lui avois révélées, après s'être jettés à nos pieds, levoient les mains au Ciel, & nous faisoient comprendre par leurs gestes, qu'ils imploroient la Divinité qui avoit voulu se servir de nous, pour leur ouvrir les yeux : les femmes offroient leurs enfans aux Soldats, & les étendoient par terre à leurs pieds, pour leur marquer qu'ils vouloient être desormais leurs Esclaves; elles faisoient retentir l'air de mille cris de joye.

Un spectacle aussi tendre m'arracha des larmes. Eh quoi! disois-je, barbares Européens, que vous ont fait les vertueux Troglocites, pour avoir animé contr'eux leurs Ennemis? De quelle Nation êtes-vous donc? Sans doute vous êtes les descendans de ces fameux Tyrans du Nouveau Monde: vous vous montrez dignes du sang de ces cruels destructeurs; mais s'il est vrai que vous soyez Espagnols, que cherchez-vous dans ces Climats?

mats ? La Nature n'y produit point d'or, votre avarice ne peut y trouver de quoi se contenter; le seul plaisir de persécuter vous engage-t-il à détruire ces infortunés Sauvages?

Ces réflexions m'animérent d'un noble courroux : je résolus de punir les Tyrans des Troglocites ; & de faire tomber sur eux les fureurs d'une guerre qu'ils avoient allumée. Je formai un Bataillon de deux cens cinquante Sauvages : j'en pris deux autres cens que je destinai à conduire uniquement les deux Pièces de quatre ; ils portoient chacun deux boulets, & j'avois ainsi quatre cens coups de Canon à tirer. Je laissai vingt de mes Soldats avec deux Pierriers sur le haut
de

la Montagne, pour défendre les Troglocites. Une autre raison m'y détermina encore. J'étois bien aise d'avoir un Poste entre mon Armée & le Fort de la Colonie, pour entretenir un commerce plus libre, & pour empêcher que les Quacacites ne fissent des courses dans la Forêt; ils auroient pu enlever mes provisions & tout ce dont j'aurois eu besoin, ne pouvant tirer que du Fort de la Colonie, ou de celui des Troglocites.

Après avoir ainsi réglé toutes choses, je me mis en marche pour sortir de la Forêt. Mon Armée étoit composée de deux cens cinquante Sauvages armés de Lances : de cinq cens qui portoient des Car-

Carquois & des fléches : de deux cens qui n'avoient aucunes armes & qui conduifoient les deux Canons; & de cent vingt de mes Soldats armés de fufils & de bayonnettes.

Lorfque j'eus traverfé la Forêt, & que je fus arrivé dans une Plaine, oppofée à celle où j'avois combattu la premiére fois, & précifément fituée à l'autre côté du Bois, je fis faire alte à mon Armée, dont je voulus faire la revûe. Elle défila enfuite, & alla camper à une lieue delà; dès que le jour parut, elle fe remit en marche. Les cinq cens Sauvages, armés à la legére, faifoient l'Avant-garde : les deux cens cinquante Piquiers, avec cent de mes Soldats formoient le Corps d'Ard'Armée ; le deux Pièces de Canon étoient au milieu, & les vingt Européens qui restoient étoient chargés de faire l'Arriére-garde. Je leur avois pourtant commandé de se tenir bien près du Corps de l'Armée, au lieu que je faisois toujours marcher très-loin l'Avantgarde, uniquement composée de Sauvages, afin qu'elle ne causât, par sa fuite, aucune confusion, si elle étoit rompue.

Ce fut-là l'ordre que je fis observer pendant toute la marche. Le quatrième jour de notre départ du Fort, nous arrivames auprès du premier Poste des Quacacites. Ils étoient si enorgueillis de leur victoire, qu'ils avoient négligé de faire veil-

veiller sur la conduite des Troglocites; ils croyoient qu'ils n'oseroient venir les attaquer. Ils se défendirent quelque tems contre l'Avant-garde, mais je fis avancer deux cens Piquiers, soutenus de vingt Mousquetaires; & leur surprise fut si grande, lorsqu'ils virent que leurs Ennemis étoient aussi secourus par des Européens, qu'à la premiére décharge, quoiqu'ils fussent plus de mille, ils prirent la fuite, abandonnérent leur poste, & allérent porter l'épouvante dans leur Armée, qui étoit assemblée sous leurs Cabanes. Les Troglocites regagnérent par ce combat un des plus considerables de leurs Etangs.

Nous avions fait une trentaine

taine de Prisonniers; j'ordonnai à *Kinsqui-Cala* de s'informer d'eux des desseins & des projets des Quacacites. Ils nous apprirent qu'ils avoient formé la résolution, voyant que les Troglocites restoient toujours dans leur Poste, de mettre le feu à la Forêt, & de les faire périr par un incendie aussi cruel. Je frémis d'horreur en apprenant ce barbare projet, & pour le prévenir, je résolus de marcher tout de suite pour aller attaquer les Ennemis. Je ne doutai pas qu'ils ne m'attendissent, & que leur fuyards ne leur eussent porté la nouvelle de mon arrivée. Ils ne savoient point le nombre d'Européens que j'avois avec moi; ils n'en avoient vu qu'uqu'une partie, l'Avant-garde & la moitié du Corps d'Armée n'ayant rien fait dans la derniére Action. Je crus que je devois profiter de leur erreur, & ne point attendre qu'ils fussent instruits de mes forces. Je fis donc marcher l'Armée le plus vîte qu'il me fut possible; mais je fus obligé, quelque diligence que je fisse, de mettre trois jours avant que d'arriver auprès des Cabanes des ennemis. Mon Canon que je ne voulois point abandonner me retardoit, & je ne pouvois faire autant de chemin que j'eusse souhaité.

Cependant les Quacacites, qui s'étoient enfuis après le combat du Lac, avoient porté à leurs camarades la nouvelle

velle de mon arrivée. Ils étoient aussi embarassés de savoir quels étoient les gens qui avoient secouru leurs ennemis, que je l'étois moi-même de connoître ceux qui prenoient leur défense. Ils ne négligèrent rien pour se mettre en état de résister à leurs adversaires, & suivirent exactement les ordres du Commandant des Européens qu'ils avoient élu pour leur Général. D'Ajouli, c'étoit ainsi qu'il s'appelloit, fit faire un Fort de terre, garni de palissades & entouré d'un large Fossé: il enferma dans l'enceinte toutes les provisions de son Armée: il y mit les femmes, les enfans, les vieillards & tous ceux qui n'étoient point en état de servir: il y laissa une Garnison de de dix Européens, & de cinquante Quacacites, armés de bâtons ferrés, approchant de la même manière que les Lances que j'avois fait faire; & fit camper le reste de son Armée sous le rempart du Fort. Elle étoit composée de quarante Européens, armés de fusils & de bayonnettes: de cent Quacacites armés de bâtons ferrés: de cinquante autres qui portoient un pistolet à la ceinture, & un sabre ou une épée à la main: de deux cens qui avoient des Lances, garnies d'os de Poisson; & de deux mille qui n'avoient qu'un Arc & des fléches.

Dès que j'eus découvert les ennemis, je fus les reconnoître moi-même, accompagné

gné de St. Cyran, de *Kinsqui-Cala* & de vingt Européens. J'approchai assez près de leur Camp pour en voir la disposition : je fis placer le mien à la portée du Canon du leur ; & lorsque j'eus fait faire tout autour un Fossé avec un parapet de trois pieds & demi de hauteur, je plaçai mes deux Pièces de quatre dans des embrasures, & je commençai à tirer sur les ennemis. Mes Canons causèrent d'abord une grande épouvante aux Quacacites : plusieurs furent tués par les boulets, qui, ne trouvant rien qui les arrêtât, alloient quelquefois jusque sur le Fossé du Fort, & traversoient tout le Camp des ennemis : ils ne pouvoient comprendre des effets

fets aussi extraordinaires ; les Européens les rassûrérent, & leur apprirent que les Canons étoient des espèces de Fusils plus gros que ceux qu'ils portoient.

D'Ajouli, pour remédier au mal que lui causoit mon Artillerie, fit filer ses Troupes de l'autre côté du Fort, & les mit ainsi en sûreté. Il leur fit ensuite élever un parapet, haut de cinq pieds, pour les mettre à couvert du Canon, au cas que je vinsse à décamper. Comme la nuit avançoit, je crus que je devois la passer dans l'endroit où j'étois ; & lorsque j'allai le lendemain vis-à-vis des ennemis, ils avoient travaillé avec tant de deligence pendant toute la nuit, que je trouvai leur Camp enfermé.

Ils en avoient fait l'enceinte extrêmement petite: elle communiquoit au Fort, auquel les deux Lignes des côtés aboutissoient; de sorte que ce Camp n'étoit proprement qu'un Ouvrage avancé de ce même Fort. Je fis tirer encore quelques coups de Canon; mais ils faisoient peu d'effet, & ne voulant point perdre inutilement ma poudre & le peu de boulets que j'avois porté, ne m'en restant plus que trois cens quarante, & me trouvant éloigné de plus de quinze lieues de la Colonie, je restai dans l'inaction le reste de la journée.

D'Ajouli profita du loisir que je lui donnai, pour se fortifier: il fit faire un petit Ouvrage

vrage avancé du côté du Fort, où j'avois campé la veille; il fit entrer dedans les dix Européens & les cinquante Piquiers qu'il avoit d'abord laissés dans l'intérieur du Fort; & qui, étant entouré d'ouvrages extérieurs, ne craignoit plus aucune insulte. Pour suppléer à mon Artillerie, il fit faire cinq cens frondes, avec des petites cordes du même jonc dont les Sauvages faisoient des Nates, & leur apprit à s'en servir pour jetter des pierres. Il disposa ensuite ses Frondeurs dans les endroits où il crut qu'ils pourroient nous être plus incommodes, au cas que nous voulussions l'attaquer.

Lorsqu'il eut pris ainsi ses mesures, il résolut de profiter du tems que nous ferions devant le Fort, pour achever de détruire les Troglocites. Il avoit beaucoup plus de monde que je n'en avois : il fit sortir de son Camp, pendant la nuit, mille Quacacites, armés à la legére, avec cent autres qui portoient des Lances, garnies d'os de poisson, auxquels il joignit les dix Européens, qui étoient dans l'Ouvrage avancé ; & ce Détachement devoit brûler la Forêt, & réduire en cendres tous les Troglocites qui s'y étoient réfugiés.

J'appris par mes Coureurs, à la pointe du jour, qu'une partie des troupes des Ennemis avoit pris pendant la nuit la route de la Forêt ; & quoique j'eusse laissé vingt Européens

péens pour défendre l'Azyle des Troglocites, je crus que je devois profiter de cet occasion pour défaire une partie de l'Armée des ennemis. Je fis partir soixante Soldats, cent Quacacites armés de Lances, & deux cens ne portant que leur Arc; je donnai les deux Pierriers à ce Détachement, & je nommai St. Cyran pour le commander. Comme il étoit sur le point de partir j'ordonnai qu'il prît vingt hommes de plus, pour porter les Pierriers, afin que tous les autres, qu'il conduisoit, ne fussent occupés qu'à combattre; je lui recommandai de faire le plus de diligence qu'il pourroit, pour joindre les Ennemis, & pour prévenir les desseins feins qu'ils pourroient avoir. Vous pourrez, lui dis-je, lorsque vous serez à la Forêt, vous servir des vingt Soldats qu'on y a laissés, si vous croyez en avoir besoin.

St. Cyran m'assûra, en partant, que je serois content de la conduite qu'il tiendroit. J'espére, me dit-il, venir bientôt vous rejoindre, & vous apporter de bonnes nouvelles.

Dès que le Détachement fut parti, je songeai à profiter de l'affoiblissement de d'Ajouli; & je voulus l'attaquer dans un tems où il avoit une partie de ses troupes éloignée. Lui, de son côté, qui avoit observé le départ des miennes, & qui se doutoit qu'elles al-

alloient après le Détachement qu'il avoit fait marcher pendant la nuit, crut qu'il devoit profiter de cette occasion. Il n'avoit détaché que ses plus mauvais Soldats; excepté les dix Européens, il comptoit peu sur tout le reste qui lui manquoit, & qu'il n'avoit envoyé que dans le dessein de brûler la Forêt, & non pas de combattre. Il craignoit d'ailleurs que les troupes que j'avois fait partir ne les rencontrassent: la peur que ses dix Européens ne fussent enveloppés dans la perte des Quacacites, l'envie qu'il avoit de les aller secourir le plutôt qu'il pourroit; toutes ces raisons le déterminérent à hazarder un combat. Il fit ranger le long du parapet de son Camp ses cinq cens Frondeurs : il les avoit exercés pendant plusieurs jours à tirer des pierres ; il leur ordonna d'en accabler les ennemis dès qu'ils les verroient avancer vers le Fort. Il disposa ensuite son Armée en trois Corps : le premier étoit composé de trente Européens & de cent Quacacites, armés de bâtons ferrés : le second étoit formé par les cinquante Quacacites armés d'un pistolet & d'une épée ; & les dix Européens, & deux cens Sauvages portant des Lances, garnies d'os de poisson, faisoient le troisième.

Comme d'Ajouli craignoit l'effet de nos deux Canons, il résolut de nous engager peu

peu à peu au combat, afin que venant à nous mêler notre Artillerie devint inutile. Il fit sortir de son Camp les cinq cens Sauvages armés d'Arcs, qui lui restoient de deux mille qu'il avoit au commencement (mille étoient partis pour aller brûler la Forêt & il en avoit changé cinq cens en Frondeurs): il ordonna à ses Quacacites de venir nous harceler à coups de fléches, & quant à lui il se tint toujours renfermé dans l'enceinte de son Camp; mais prêt à nous joindre en bon ordre, dès qu'il nous verroit occupés à la poursuite des Sauvages.

Je compris aisément son dessein, & j'aurois pu l'éluder, en me contentant de faire fuir les Barbares à coups de Canon ; mais comme j'avois autant d'envie que d'Ajouli, d'en venir aux mains, après avoir fait tirer quelques coups, qui d'abord écartérent les Quacacites & leur firent prendre la fuite, je marchai en bon ordre & m'avançai du côté du Fort. Je défendis à tous mes Soldats de quitter jamais leur rang, & de ne poursuivre les ennemis que lorsque je l'ordonnerois.

Dès que d'Ajouli vit que j'avançois vers le Fort, & que je laissois mon Camp, mon Bagage & mon Artillerie derriére moi, il ne douta point que je ne vinsse dans le dessein de lui offrir le combat. Il sortit de ses Lignes & se rangea en en bataille à vingt pas, ou environ de son Camp, sans pourtant s'éloigner du Fort, afin que je fusse obligé d'essuyer tout l'effet des pierres de ses Frondeurs qu'il avoit distribués le long du parapet de ses Lignes. Les quarante Européens formoient le Corps de son Armée : cent Quacacites portant des bâtons ferrés & cent autres des Lances, garnies d'os de poisson, faisoient l'Aile droite & l'Aile gauche ; cinquante autres Quacacites, armés d'un pistolet & d'une épée, servoient de Corps de réserve, & venoient d'abord après les Européens, pour se mêler dans le combat, quand ceux-ci auroient causé quelque desordre par leur Mousqueterie. Les cinq cens

Sauvages armés à la legére, & qui s'étoient ralliés dès que le Canon n'avoit plus tiré, sur eux, étoient rangés auprès des Frondeurs, pour tirer leur flèches en même tems qu'ils jetteroient leurs pierres.

J'ignorois quel étoit le dessein de d'Ajouli; mais je crus que je devois aller à lui approchant dans le même ordre. Je laissai dix Européens & cent Troglocites, armés de Lances, pour la garde du Camp & de l'Artillerie: je formai le Corps de mon Armée de soixante & dix Européens; & les deux Aîles étoient composées chacune de cent Sauvages, armés de Lances garnies de fer. J'avois commandé aux dix Européens, qui gardoient le Camp,

de

de s'avancer en cas de besoin, & de nous servir avec les cent Troglocites qui restoient au Corps de réserve; mais ils ne devoient abandonner leur poste, que lorsqu'ils nous verroient extrêmement pressés. Au lieu de mettre mes Sauvages, armés d'Arcs & de fléches, derriére moi, ainsi qu'avoit fait d'Ajouli, je les fis aller à la charge, éloignés de plus de cinquante pas du Corps de mon Armée, de peur qu'il ne la rompissent, s'ils venoient à fuir. Je leur ordonnai, lorsqu'ils se retireroient, de se jetter sur les côtés, & de se rallier par derriére les Européens, sans s'opposer à la marche de l'Armée. Je leur fis dire par *Kinsqui-Cala*, que je ferois serois forcé de les traiter commes des ennemis & de faire tirer sur eux, s'ils se jettoient sur le centre, & y causoient la moindre confusion.

Cet ordre produisit deux bons effets : les Troglocites legers ayant attaqué l'Armée des Quaquacites, & s'étant avancés à la portée de l'Arc, les Frondeurs & les Archers de d'Ajouli firent pleuvoir sur eux une grêle de fléches & de pierres, qui en blessa plusieurs & mit les autres en fuite ; ils s'ouvrirent en fuïant, ainsi que je leur avois dit, & passant sur les côtés des Aîles de l'Armée, ils vinrent se rallier derriére les Européens, & ne causérent aucune confusion.

Cependant les Quacacites, armés

armés de Lances & de bâtons ferrés, animés à la poursuite des Troglocites perdirent leur avantage ; ils s'éloignèrent de leurs Lignes & des Frondeurs, qui ne pouvoient plus jetter de pierres sans courir risque de blesser leurs camarades. Lorsque d'Ajouli vit que l'ardeur du combat avoit emporté ses deux Aîles, il fut obligé, pour les soutenir, de faire marcher le Corps d'Armée ; & les Européens, & les Quacacites armés d'une épée & d'un pistolet, perdirent eux-mêmes l'avantage qu'ils tiroient des Frondeurs & des Archers.

Je vis qu'il étoit tems de profiter de l'occasion, & de ne point donner le loisir aux ennemis de reculer en bon ordre

dre vers le Fort : j'ordonnai à à la tête droite, commandée par *Kinsqui-Cala*, d'attaquer les Quacacites : le Capitaine de Vaisseau qui commandoit la gauche donna aussi de son côté ; & lorsque les deux Aîles furent venues aux mains, je fis faire feu aux Européens qui formoient le centre. D'Ajouli & ses troupes l'essuyèrent avec beaucoup de fermeté ; ils firent, à leur tour, une décharge, & ses Européens, s'ouvrant après avoir tiré, firent place aux cinquante Quacacites armés d'un pistolet & d'une épée. Ils vinrent pour fondre sur nous, & pour nous présenter le pistolet à bout touchant ; mais j'avois eu la précaution de ne faire tirer que

que les deux premiers rangs, & lorsqu'ils furent très-proche de nous, je fis faire feu au dernier si à propos, que les ennemis étonnés de cette décharge, à laquelle ils ne s'attendoient pas, tournérent tout à coup le dos.

Les Quacacites tirérent leurs pistolets en fuïant & ne firent aucun mal ; ils se rejettérent sur les Européens de d'Ajouli, & causérent une confusion, qui nous donna le tems de nous avancer en bon ordre.

Pendant ce tems-là le Capitaine de Vaisseau avoit mis en déroute l'Aîle droite des ennemis, & venoit prendre en flanc leur Corps d'Armée. D'Ajouli, qui vit le danger où il étoit,

étoit, se retira sous le rempart du Fort ; les fléches & les pierres des Frondeurs & des Archers, qui blessérent plusieurs des Soldats & des Troglocites, suspendirent notre poursuite, & donnérent le tems aux fuyards de se rallier.

Dès que d'Ajouli vit ses Troupes en sûrete, il jugea qu'il ne devoit point renouveller le combat : son Aîle gauche avoit été très-maltraitée, la droite l'avoit moins été, mais il avoit perdu trente Quacacites armés de bâtons ferrés : quinze de ceux qui portoient des épées & des pistolets ; & ce qui le fâchoit plus que tout le reste, c'est qu'il avoit eu un Européen de tué & un de blessé.

Quoi-

Quoique j'eusse tout l'avantage de cette journée, & que je n'eusse perdu que treize Troglocites, je ne pouvois me consoler de la mort de deux de mes Soldats Européens: l'amitié que j'avois pour eux me les rendoit chers: j'étois au desespoir de les voir sacrifiés par les fureurs d'un Barbare ; mais mon desespoir augmenta bien davantage, lorsqu'ayant entendu des cris étonnans parmi les Troglocites, j'en appris le sujet. Comme j'étois encore sur le Champ de bataille & à la vûe du Fort des ennemis, j'apperçus une chose qui me fit frémir d'horreur. Les Quacacites de l'Aîle droite avoient fait quatre prisonniers pendant le combat; dès qu'ils qu'ils furent rentrés dans leurs Lignes ils firent monter ces misérables sur le parapet, & là, à la vûe de toute notre Armée, ils égorgérent ces misérables devant une espèce d'Idole de figure humaine. J'étois déja prévenu des affreux sacrifices que ces Barbares Etrangers avoient introduits parmi les Sauvages ; mais je fus atteint d'une mortelle douleur, lorsque j'en fus le témoin. De quelle Nation sont donc ces Monstres, m'écriai-je ! L'Europe n'a point d'Idolâtres, ni de Sacrifices impies. Dieu juste ! pouvez-vous souffrir des cruautés semblables ?

J'étois si vivement piqué de la mort de ces quatre Troglocites, que je résolus de la vanger

ger avant que de sortir du Champ de bataille. J'avois fait quatorze prisonniers, mais je me gardai bien de punir un crime par un autre : j'ordonnai seulement qu'on les gardât très-étroitement : je fis rester mon Armée en bataille, quoiqu'elle fût sur le point de défiler pour rentrer dans son Camp ; & j'y envoyai chercher mes deux pièces de Canon. Je fis faire un Cavalier de terre qui dominoit sur les Lignes des ennemis : on y plaça les deux Canons ; & en moins d'une demi-heure je tirai trente coups dans le Camp de d'Ajouli, qui l'incommodérent beaucoup, & tuérent plusieurs Quaquacites. Il avoit fait mettre les Européens à l'abri, l'abri, dès qu'il s'étoit apperçu que j'élevois une Batterie: il fit placer ensuite les Sauvages tout-à-fait contre les Lignes qui les mirent à couvert; les boulets n'étant point assez gros pour percer les retranchemens, & ne pouvant causer de dommage aux Ennemis, que lorsqu'ils se tenoient au milieu de leur Camp. La nuit survint & je fus obligé de rentrer dans le mien.

Le lendemain je fis donner la sépulture à tous les morts: & j'ordonnai qu'on eût bien soin des blessés. Je destinai pour eux la plûpart des Tentes que j'avois fait faire des Voiles du Vaisseau: les Européens s'empressèrent à secourir les Troglocites comme leurs freres &
leurs

leurs Alliés; je leur donnai moi-même cet exemple en allant visiter les blessés & en les secourant de tout ce qui dépendoit de moi. Cette conduite m'acquit l'amitié des Troglocites à un tel point, que j'aurois pu compter sur eux autant que sur les Européens. Pour qui, disoient-ils, pouvons-nous mieux sacrifier notre vie, que pour un Général qui le mérite si justement? Quand nous risquerons nos jours pour lui, nous ne risquerons que ce qu'il nous a conservé; qu'il vive toujours glorieux, & mourons, s'il le faut, pour lui acquérir & lui conserver cette gloire!

Comme je commençois à comprendre la Langue des Sau-

Sauvages, j'entendois tous ces discours en me promenant dans le Camp : ils faisoient une douce impression sur mon esprit ; je sentois qu'une louange juste récompense les cœurs vertueux de toutes leurs peines. Heureux, disois-je, sont les Généraux, qui peuvent se flater de trouver des ressources dans l'amour des Soldats ! Ils doivent se regarder comme invincibles ; que ne peut point un homme de courage qui commande à des gens que l'amitié conduit & qui sont animés par l'honneur ? Si les Aléxandres, les Jules Césars, les Turennes, avoient été durs, cruels, fiers, méprisans envers leurs Soldats, ils seroient aussi ignorés de la Postérité

térité que bien des Généraux qui ne seront tout au plus comptés que parmi les imbéciles ou les Bourreaux.

La pitié pour les malheureux, l'affabilité & la douceur pour les Troupes n'empêchent point un Général de faire observer une exacte Discipline; dans quelque état qu'on soit, quelque poste qu'on occupe, la fierté outrée & la cruauté deshonorent l'humanité. Quand un Général n'a point d'assez grandes qualités pour acquérir par ses vertus l'estime du Public, il a recours à une rigidité hors de saison: il croit en imposer par-là aux yeux du Peuple: il donne le titre de Discipline Militaire à tout ce qu'il fait par une humeur noire & chagrine : tôt ou tard le masque tombe ; on reconnoît enfin qu'un Général, qu'on a souvent estimé, n'avoit d'autre mérite que celui de haïr les hommes & de trouver un prétexte spécieux pour les tourmenter. Il arrive souvent à ces hommes cruels, qu'ils sont les premiers punis de leur dureté : les Soldats les abandonnent au besoin : ils ne sauroient compter sur leurs troupes ; & il s'en est trouvé que leur Prince, pour prévenir les accidens qui pouvoient arriver, a été obligé de rappeller à la fin de la premiére Campagne, où ils avoient commandé en Chef.

Quiconque n'a pas le cœur du Soldat ne peut jamais parvenir

venir à faire de grands Exploits militaires. Il en est d'un Général haï des Troupes comme d'un Courtisan brouillé avec les Ministres : quelque génie qu'ils ayent, ils doivent peu compter sur leur fortune.

L'esprit rempli de ces réflexions, je tâchois par mes soins & par mes attentions de mériter l'amitié que les Soldats avoient pour moi. Je restai deux jours dans mon Camp uniquement occupé des mesures que je devois prendre pour délivrer entièrement les Troglocites de la persécution de leurs ennemis. Je crus qu'après les cruautés que j'avois vu exercer aux Étrangers, il étoit inutile que je leur fisse faire aucune proposition de paix. Je pris la résolution d'attaquer le Fort dans les formes, & de faire venir deux pièces de Canon de huit livres de balle de la Colonie, falût-il quatre cens hommes à chacune, pour pouvoir les traîner jusqu'au Camp. Je n'attendois pour donner ces ordres que le retour des troupes que j'avois envoyées à la défense de la Forêt.

Cependant St. Cyran avoit rencontré les Quacacites à trois journées du Camp : il les avoit attaqués & mis entiérement en déroute : les dix Européens de d'Ajouli n'avoient échappé que par l'acharnement des nôtres à poursuivre les Quacacites; ils avoient profité de ce desordre pour se fausauver, abandonnant leurs Alliés à toute la fureur des Troglocites. Il est vrai que, n'étant que dix, il leur eût été impossible de résister à soixante de mes Soldats. Ils ne s'étoient pas attendus de trouver des ennemis en aussi grand nombre & aussi braves : ils firent une si grande diligence dans leur fuite qu'ils arrivèrent au Fort le lendemain de leur défaite, à l'entrée de la nuit : ils racontérent à d'Ajouli la perte qu'ils avoient faite ; il s'en consola aisément par le plaisir qu'il eut de n'avoir perdu aucun Européen.

St. Cyran ne put d'abord se mettre en marche pour me rejoindre : il fut obligé de laisser reposer deux jours ses troupes, à qui il avoit fait faire une marche forcée pour joindre les ennemis : le nombre de prisonniers qu'il avoit fait l'incommodoit beaucoup ; il en envoya une partie dans la retraite de Troglocites & garda les autres avec lui.

D'Ajouli, instruit du nombre d'Européens qui devoit me joindre, résolut de tenter encore le hazard des combats, avant que ce nouveau secours me fût arrivé ; celui qu'il avoit reçu lui-même des dix Européens l'y déterminoit entièrement. Il sortit le lendemain matin de leur arrivée, & vint dans le même ordre que la première fois me présenter la bataille ; il avoit mis cinq Européens nouvellement arrivés à à la tête des deux troupes de Sauvages qui formoient les Aîles de son Armée. Dès que d'Ajouli fut sorti de ses Lignes & qu'il se fut rangé en bataille, je vins au-devant de lui dans le même ordre que j'avois tenu dans la premiére bataille; les deux Armées restérent près d'une heure en présence l'une de l'autre, sans qu'aucune voulût commencer le combat, ni perdre le terrain qu'elle occupoit. D'Ajouli vouloit conserver l'avantage qu'il tiroit de ses Frondeurs & de ses Archers; je ne voulois point non plus essuyer, avant que d'aller à la mêlée, leurs pierres & leurs fléches.

Pendant que les troupes, prêtes à combattre, n'attendoient

doient que le signal je fis réflexion que la fureur d'un seul homme étoit la cause de la perte de bien des gens qui avoient déja péri, & de beaucoup d'autres qui étoient à la veille de s'égorger. Les Quacacites, disois-je en moi-même, étoient vertueux avant l'arrivée de ces barbares Européens, ou du moins ils ignoroient les forfaits, dont il se souillent aujourd'hui ; sans faire périr un nombre de victimes innocentes, sans exposer mes Alliés & mes fidèles Soldats, je puis, si je veux m'attacher à la source du mal, punir l'Auteur du crime & épargner le sang de mes nouveaux Sujets. Comme leur Général je dois ménager leur vie, comme me leur Souverain je fuis obligé de la défendre; ils m'ont reconnu pour leur pere, il faut que j'aye pour eux l'amitié la plus tendre, & qu'ils fentent par ma conduite que je les regarde comme mes enfans. Dès que j'aurai puni le cruel Commandant des Européens Quacacites, tout le refte rentrera dans le devoir: il fera aifé de leur faire fentir l'énormité de leur conduite: les prifonniers que nous avons faits nous affûrent que c'eft ce cruel Général qui feul ordonne ces barbares facrifices: c'eft, fans doute auffi lui, qui excite les Quacacites; mes Soldats m'ont élevé fur le Trône, c'eft par la mort d'un Monftre, tel que d'Ajouli, que

H 5   je

je dois leur prouver que je sai les délivrer d'un ennemi dangereux. La perte de deux Européens que j'avois faite dans la dernière action se présentant alors à mon esprit, j'achevai de prendre ma résolution & j'envoyai défier d'Ajouli à un combat singulier, par un des Quacacites à qui je rendis la liberté. Je lui ordonnai de dire à son Général que, s'il vouloit, nous déciderions l'épée à la main, à la tête de nos Armées le différend des Troglocites & des Quacacites; & que, lorsque nous serions sur le Champ de bataille, nous réglerions les conditions du combat.

Peu de tems après que ce prisonnier fut parti, il revint me

me trouver, pour me dire que d'Ajouli acceptoit volontiers ma propofition ; qu'il alloit dans le moment s'avancer au milieu des deux Armées, & que nous déciderions notre différend à leur vûe. Je vis en effet qu'il s'avançoit fuivi de deux feuls Européens ; je marchai auffi vers lui, accompagné du Capitaine de Vaiffeau & de *Kinsqui-Cala*. Lorfque nous fumes près l'un de l'autre, d'Ajouli me demanda fi j'entendois le François ? C'eft la Langue, lui dis-je, que je parle ordinairement. Tant mieux, me dit-il, nous pourrons régler aifément les conditions de notre combat. Il dépendroit de vous, lui dis-je, qu'il ne commençât point :

vous n'auriez qu'à vous rappeller que vous êtes né dans un Païs où la Divinité est connue des hommes ; & bientôt, laissant en paix les Troglocites, vous vous contenteriez de l'étendue de païs que peuvent avoir les Quacacites, sans vous porter aux cruautés dans lesquelles vous vous plongez tous les jours.

Je ne suis pas venu ici, me dit d'Ajouli, pour entendre une prédication ; mais pour mesurer nos forces. Voici quelles seront les conditions de notre combat. Je sai que vous êtes beaucoup plus d'Européens que nous, puisqu'outre ceux qui sont actuellement dans votre Armée, vous en avez envoyé soixante à la défense

fense de la Forêt : il seroit donc inutile que nous convinssions que, si je suis vainqueur, vos Soldats se soumettront à moi, car ils seroient toujours en état de le refuser, & je ne pourrois pas les y contraindre : quant aux Européens que je commande, ils ne peuvent vivre que dans le sang & le carnage; ainsi ils ne voudroient pas d'un Général qui cherche la paix. Convenons donc seulement que, si vous me tuez, mes Soldats seront obligés d'abandonner les Quacacites, & de passer dans l'endroit le plus éloigné de l'Isle; & que de même, si vous êtes vaincu, vos Européens se retireront & abandonneront les Troglocites. Je consens, lui dis-

dis-je, à tout ce que vous voulez; j'espére que le Ciel, protecteur de l'innocence, m'aidera à dompter votre férocité.

Je fis signe alors au Capitaine de Vaisseau & à *Kinsqui-Cala* de s'éloigner de quelques pas; & mettant l'épée à la main j'attaquai d'Ajouli. Il avoit autant de valeur que de cruauté: il se défendit courageusement; cependant, voyant que la colére l'aveugloit, je profitai de son trouble, & le blessai à l'épaule gauche. Dès qu'il vit son sang couler, il devint furieux comme un Lion: il se jetta sur-moi sans ménagement; mais je sus me garantir, & je lui perçai la cuisse d'un coup qui le fit tomber par terre. Je m'avançai

çai sur lui, & lui présentant la pointe de mon épée, rendez vos armes, lui dis-je, mes Maximes sont différentes des vôtres; & je n'ôte jamais la vie à un ennemi qui est en mon pouvoir.

Comme je parlois à d'Ajouli, j'entendis un bruit étonnant, je vis les deux Armées en mouvement, qui fondoient l'une sur l'autre. Dès que Vaudrecourt, Lieutenant de d'Ajouli, avoit vu son Général blessé, il s'étoit mis en mouvement avec toute son Armée, pour venir l'arracher de mes mains: mes gens voyant leur ennemis s'avancer étoient accourus à mon secours; je n'eus que le tems après avoir desarmé d'Ajouli, d'ordonner au Capitaine

taine de Vaisseau de le faire emporter dans mon Camp. Avant qu'on pût en venir à bout, il se fit un combat sanglant autour de lui : Vaudrecour fut blessé lui-même à la main ; cinq de ses Soldats le furent aussi, mais legérement.

Tandis que les Corps des deux Armées combattoient au tour de d'Ajouli, les Aîles se chargeoient avec un égal avantage, cependant Vaudrecourt ayant été obligé de se retirer à cause de sa blessure, les ennemis rentrérent dans leurs Lignes. Ils n'eurent que six Quacacites de tués ; mais ils en eurent plus de vingt-cinq de blessés, du nombre desquels étoient quatre Européens & Vaudrecourt. Quant à moi
je

je n'eus que quatre Troglocites de tués & quinze de blessés parmi lesquels il y avoit un seul Européen ; mais dont la blessure étoit si legére qu'elle ne l'obligea point à quitter le combat.

Lorsque les ennemis se furent retirés dans leur Camp, j'ordonnai à mes Troupes de rentrer dans le leur. Dès qu'elles se furent retirées, je me fis conduire à la Tente où l'on avoit mis d'Ajouli.

Je ne viens point, lui dis-je, pour insulter à votre malheur ; mais pour vous apprendre que la Divinité, qui a puni votre orgueil & votre cruauté, m'ordonne d'oublier les offenses, & de vous montrer par ma clémence combien votre

tre cruauté est affreuse. Vous avez immolé les infortunés Troglocites ; & nous, nous prendrons soin d'adoucir vos infortunes. Ils ne tiendra pas à moi que vous ne soyez bientôt libre : & dès que vous voudrez consentir à une paix stable, il vous sera permis de retourner parmi vos Alliés ; c'est-là la seule chose qu'on vous demande pour le prix des attentions qu'on aura pour vous, & de la liberté qu'on est prêt à vous rendre.

Je m'attendois, répondit d'Ajouli, que par la façon dont j'en avois agi jusqu'ici avec vous, je recevrois un traitement bien différent de celui que je reçois ; mais peut-être la victoire que votre douceur

cœur & votre vertu vous donnent sur mon cœur est-elle plus grande & plus complete, que celle que vous avez remportée par les armes. Hélas, de quelques crimes que je sois coupable, je sens que la reconnoissance a encore quelque pouvoir sur moi, & que ma rage & ma fureur n'ont point entiérement étouffé les sentimens humains. Quelqu'effort que j'aye fait, pour oublier que j'étois homme, votre vertu me rappelle que je fus vertueux pendant un tems. Oui, continua d'Ajouli, quelque grande que soit votre surprise, j'ose vous assûrer que j'ai chéri autrefois la candeur & la probité. Eh pourquoi, repliquai-je, avez-vous abandonné
vos

vos premiéres inclinations? Pourquoi avez-vous changé de conduite & vous êtes-vous plongé dans les excès les plus affreux? Le crime & la fureur des autres hommes, répondit d'Ajouli, m'ont rendu criminel & furieux: la vengeance me fit perdre ma vertu; elle m'aveugla jufqu'au point de punir les innocens des fautes des coupables.

L'Agitation dans laquelle étoit d'Ajouli eut pu faire empirer fes bleffures: & comme je commençois à fentir une fecrete compaffion pour lui, dont je ne pouvois deviner la caufe, calmez-vous, lui dis-je, il n'eft point de crime que le repentir ne puiffe effacer: un feul remords peut arrêter

la

la foudre & fléchir la Divinité; peut-être vos infortunes serviront-elles à rappeller votre vertu.

Je continuai de voir d'Ajouli deux jours de suite, sans oser lui demander de m'instruire de ses avantures; mais, après avoir levé le second appareil de ses le blessures, le Chirurgien ayant assûré qu'il n'y avoit aucun danger pour sa vie, je crus qu'avant que de commencer à traiter de la paix avec les Quacacites je devois connoître par quel hazard ils avoient eu le secours de d'Ajouli. Oserois-je, lui dis-je, vous demander par quel hazard vous avez été poussé dans ces Climats, & dans quel Païs vous avez pris naissance?
HIS-

HISTOIRE DU COMTE D'AJOULI,
ET DE SÉRAPHINA GRITI.

UN enchaînement de malheurs, dit d'Ajouli, m'a jetté dans l'état affreux où vous me voyez : il semble que le Ciel en m'accablant de maux ait pris plaisir à me rendre criminel ; & je serois encore vertueux, si j'eusse été moins infortuné.

Je suis né à Naples ; le Comte d'Ajouli, mon pere, me destina en naissant à prendre le parti des armes ; & me fit voyager, avant que d'aller à Madrid, dans toutes les plus bel-

belles Villes de l'Europe. Comme je devois m'attacher au Service de l'Espagne, il étoit bien aisé qu'avant de paroître dans cette Cour, j'eusse acquis un grand usage du monde, & me fusse perfectionné dans tous les exercices qui conviennent à un homme de condition.

Après avoir parcouru l'Italie, je partis de Turin pour aller à Paris: je restai près d'un an dans cette grande Capitale, uniquement occupé à m'instruire de tout ce qui pouvoit servir à mon avancement; & lorsque j'arrivai à Madrid, je fus assez heureux pour qu'on trouvât que je méritois d'être préféré à bien de mes Concurrens. Je remportai sur eux l'avantage, & j'obtins un Régiment

giment que bien d'autres demandoient avec empressement.

Je partis, quelque tems après de Madrid, pour me rendre en Italie, où mon Régiment se trouvoit en garnison, à huit lieues de Naples. Après m'être fait recevoir j'allai embrasser mon pere: il me reçut avec les marques de l'affection la plus tendre; il étoit charmé de voir combien les voyages m'avoient formé. Le lendemain de mon arrivée, il me présenta au Viceroi; je vis ensuite tous mes parens, & les premiers jours que je fus à Naples se passérent en visites. J'allois souvent chez la Comtesse de Griti à qui j'appartenois de très-près. Elle le avoit une fille nommée Séraphina : toutes les Beautés de Naples s'éclipsoient auprès d'elle : ses yeux étoient remplis d'un feu auquel je ne pouvois résister : il falut que je rendisse les armes ; & mon cœur jusqu'alors insensible, uniquement occupé de l'ambition & de la gloire, devint l'esclave des charmes de la belle Séraphina.

Quoique je ne fusse point d'un tempérament timide, & que les voyages & l'usage du monde m'eussent donné une certaine hardiesse, dès que je fus amoureux, je sentis qu'elle s'étoit évanouïe. Je formois vingt fois par jour la résolution d'avouer à ma Maîtresse les sentimens qu'elle m'avoit inspirés, & à la premiére occasion qui s'en présentoit, tous mes desseins s'évanouïssoient. Je n'avois plus le pouvoir de m'expliquer : mon cœur tremblant craignoit la suite que pouvoit avoir ma déclaration : mes yeux étoient les seuls interprétes de mon trouble; mais, soit que Séraphina n'entendît pas leur langage, soit qu'elle ne voulût pas l'entendre, j'étois devoré d'un amour violent, & je n'avois pas la douceur & la consolation de savoir qu'on le connoissoit.

Cependant ma passion étoit trop forte, pour ne pas forcer enfin ma timidité, & ne pas m'engager à rompre le silence. Que risquai-je, disois-je, de déclarer à Séraphina que

que je ne saurois vivre, sans elle? Je ne puis être plus malheureux que je le suis : l'incertitude est le plus cruel de tous les tourmens : & si je ne dois rien espérer, s'il n'est dans le cœur de ma belle Maîtresse aucun sentiment qui puisse me donner quelque espoir, je chercherai à me guérir ; je tâcherai d'étouffer un feu que l'espérance nourrit, & que la raison éteindra, dès que je n'aurai plus rien à espérer.

Je résolus donc de sortir de l'incertitude où j'étois & ayant trouvé Séraphina chez la femme du Viceroi j'épiai le moment de pouvoir lui parler sans témoin, & saisissant celui où elle s'approchoit d'un

Bal-

Balcon, pour regarder dans la cour du Palais, la Vice-reine parlant avec une autre personne, je m'avançai sans affectation auprès de ma Maîtresse. Je meurs, lui dis-je, belle Séraphina, si je ne vous avoue que je vous adore : la contrainte où je suis & le peu d'occasions que j'ai de vous rencontrer seule, doivent servir d'excuse à la façon libre dont je m'explique ; mais je vous adore, je n'ai pu vous le dire jusqu'ici, que par mes yeux, & j'eusse expiré de douleur si ma bouche ne vous l'eût point appris. Vous ne répondez point, continuai-je, belle Séraphina : vous paroissez surprise de mon audace : votre réponse va décider de la durée

durée de mes jours : prononcez mon Arrêt, parlez; je suis prêt à souscrire à tout ce que votre haine & votre rigueur voudront m'ordonner. Je n'ai point de haine, répondit Séraphina avec un air excessivement embarassé : le lieu où nous nous trouvons, les regards dont nous sommes éclairés m'empêchent de vous parler; éloignez-vous, Comte, je vous prie, une conversation trop longue pourroit devenir suspecte. Ah! repliquai-je, je suis haï, je le vois; eh bien, je vais loin de vos yeux traîner une vie infortunée, en attendant que vos cruautés me la ravissent entiérement. Je vous ai déja dit, reprit Séraphina, que mon cœur ne connoissoit

noissoit point la haine : pour démêler s'il est susceptible de quelqu'autre sentiment, trouvez-vous demain à la derniére Messe des Franciscains, dans la Chapelle de St Ambroise. La Vicereine, ni qui que ce soit, n'aura les yeux sur nous.

Séraphina se retira du Balcon en achevant ces mots, & fut rejoindre la compagnie. Je sentis une douceur & une satisfaction qui m'avoient été inconnues jusqu'alors; je compris que les deux ou trois mois, durant lesquels j'avois fait ma cour à ma Maîtresse, n'avoient pas été employés inutilement, & que j'avois eu tort de me compter au rang des malheureux, sans approfondir auparavant si mes yeux n'an'avoient jamais été entendus. Le reste de la soirée, je les fis parler le plus tendrement qu'il me fut possible : ils remerciérent plusieurs fois, à la dérobée, Séraphina ; & quoique la Vicereine & le monde qui étoit chez elle m'obligeassent à me contraindre, je trouvai plus d'une fois le moment où personne ne pouvoit s'appercevoir que je la regardois avec trop d'attention.

Je ne sortis de l'assemblée que lorsque ma belle Maîtresse se fut retirée : j'attendis le lendemain matin avec une impatience infinie : jamais nuit ne me parut si longue ; je la passai uniquement occupé de l'idée de revoir ma chere Séraphina. Enfin ce moment heureux arriva : je la trouvai dans la Chapelle qu'elle m'avoit marquée : elle n'avoit avec elle qu'une Gouvernante qu'elle avoit mife apparemment dans fes interêts ; elle rougit en me voyant, & ne put cacher fon trouble. Je viens, lui dis-je, démêler ces fentimens que vous m'avez permis de chercher, & auxquels mon bonheur eft attaché. A quoi fervira-t-il, me répondit Séraphina, que vous découvriez que vous êtes aimé, fi un obftacle infurmontable s'oppofe à votre bonheur ? Eh quel eft cet obftacle, lui dis-je ? Il n'en eft point que ma tendreffe & ma paffion ne fe flatent de vaincre, dès que je fuis affûré de n'être point haï. Ne

Ne vous figurez point, reprit ma Maitreſſe, que cela ſoit auſſi aiſé que vous le penſez : mon Pere me deſtine depuis long-tems au Baron de Feneſtroli : vous ſavez combien il eſt entier dans ſes ſentimens : je n'oſe me flater que rien puiſſe l'obliger à changer de réſolution ; & cependant je vous avouerai que je ne puis m'empêcher de le ſouhaiter. Oui, Comte, pourſuivit-elle, je ne veux point ici affecter une inutile feinte : vous ne m'êtes point indifférent, & vos yeux, qui depuis long-tems m'apprenoient le pouvoir que j'avois ſur vous, ſe ſeroient apperçus dans les miens de celui que vous aviez ſur moi, ſi je ne m'étois pas fait une violence

lence extrême. Sans cesse il falloit que je me contraignisse & que je fusse en garde contre moi-même : vous craigniez de me parler, & je tremblois que vous ne connussiez que vous pouviez le faire en toute sûreté ; mais enfin puisque vous m'avez arraché mon secret, & que vous m'avez forcée à rompre le silence, je ne dois plus vous celer que, si ma main dépendoit de moi, je n'en disposerois jamais qu'en votre faveur : faites consentir mon Pere à votre bonheur & j'y souscrirai avec plaisir ; par l'aveu que je vous fais vous devez connoître combien je dois craindre d'être unie au Baron de Fenestroli.

Après avoir remercié Séraphina

phina dans les termes le plus tendres que l'amour put me fournir, je lui promis que je romprois les mesures de mon Rival : que je ferois si bien que son Pere consentiroit à me rendre heureux ; je lui demandai la permission de la voir quelquefois. Il est nécessaire, lui dis-je, que je puisse vous rendre compte des démarches que je ferai : ne me refusez pas un bonheur qui m'animera à tout entreprendre pour réussir ; souffrez que je vienne quelquefois vous voir à la même heure, & dans la même Eglise.

On pourroit, répondit Séraphina, s'appercevoir de nos rendez-vous : le Baron de Fenestroli est jaloux jusqu'à la folie;

folie : il m'espionne, ou me fait espionner sans cesse : j'aime mieux vous parler toutes les nuits par la fenêtre d'une Sale basse, qui donne sur la rue : vous n'avez qu'à vous y trouver à onze heures, & vous pourrez me parler sans qu'on puisse nous observer ; nous ne saurions trop prendre de précautions pour ne point irriter mon Père, avant que de l'avoir fait changer de sentimens. Evitez de me parler dans les endroits où vous me rencontrerez, & sur-tout chez la Vicereine ; un mouvement involontaire, un mot, un coup d'œil, peuvent nous trahir, & rendre public notre secret.

Je suivis exactement les ordres de Séraphina, je ne la voyois

voyois qu'à la fenêtre de la Sale. Quoiqu'elle fût grillée, j'avois cependant la douceur de lui baiser quelquefois la main, qu'elle avoit la complaisance de me donner au travers des barreaux; je prisois plus ces faveurs que les biens les plus confidérables, & je m'eftimois le mortel du monde le plus heureux. J'avois déja fait parler au Comte Griti pour obtenir fa fille. Quoiqu'il fût en quelque façon engagé avec le Baron de Fenoftroli, il avoit cependant reçu fort bien la propofition qu'on lui avoit faite : j'avois lieu d'efpérer que la réputation que je m'étois acquife dans Naples, ainfi que le pofte que je pouvois un jour occuper par le crédit de la Cour d'Espagne, le détermineroient en ma faveur; mon bonheur s'évanouït dans un instant, & ma fortune changea tout à coup de face.

Le Baron de Fenestroli, toujours agité par sa jalousie, accoutumé d'examiner attentivement les moindres mouvemens, & les actions les plus indifférentes de sa Maitresse, crut entrevoir qu'elle avoit des momens de distraction qu'il ne lui avoit point connus auparavant; c'en fut assez pour lui persuader qu'il avoit un Rival aimé. Il résolut de le connoître: il observa, pendant plusieurs jours, Séraphina dans les assemblées, mais je m'y trouvois rarement avec elle; & lorsque cela arrivoit nous

nous

nous contraignions si bien l'un & l'autre, que le Baron, tout jaloux qu'il étoit, ne put jamais rien soupçonner de la vérité. Il forma le dessein d'examiner si sa Maîtresse ne verroit point la nuit un Amant qu'elle faisoit semblant de méconnoître le jour; il se plaça sur la brune dans un coin de la rue; & y demeura jusqu'au moment que je vins voir Séraphina. Dès qu'il apperçut un homme arrêté sous les fenêtres de sa maison, il ne douta point que ce ne fut-là l'heureux Rival, qui causoit les distractions de sa Maîtresse, & qu'il cherchoit à connoître : il prit la résolution dans l'instant de mourir, ou de lui ôter la vie, & s'avançant sur moi l'épée

pée à la main : défend-toi, me criat-t-il ; il faut que l'un des deux périsse.

Je n'eus que le tems de me mettre en garde ; mon ennemi m'attaqua avec tant de promptitude, qu'il me fut impossible de rien dire à Séraphina. Jugez de sa situation : elle n'osoit appeller du monde, pour nous séparer, de peur de découvrir qu'elle étoit la cause essentielle de ce combat : d'un autre côté, elle craignoit pour mes jours ; enfin je fis finir ses craintes, en renversant mon Rival par terre d'un coup que je lui portai dans l'estomac, & je sortis heureusement d'affaire. Comme je ne voulois pas m'exposer à être arrêté, je quittai bien vite

vite le Champ de bataille, après avoir souhaité le bon soir à ma Maîtresse en ces termes :

„ Adieu, belle Séraphina, nous
„ sommes vangés des impor-
„ tunités de notre ennemi : je
„ trouverai le secret de vous
„ instruire du lieu de ma re-
„ traite, suivant le train que
„ prendra cette affaire ".

Je croyois que le Baron de Fenestroli étoit mort : il n'avoit donné aucun signe de vie après être tombé par terre ; Séraphina crut la même chose que moi, & se retira de la fenêtre dès qu'elle me vit parti.

Cependant mon Rival n'étoit point mort : il n'étoit qu'évanouï, le coup même qu'il avoit reçu n'étoit pas mortel ;

la

la seule perte de son sang le rendoit dangereux. Il passa, quelque tems après notre combat, des gens dans la rue, & le Baron, qui étoit revenu de son évanouïssement, les appella à son secours d'une voix foible & mourante. Ils le relevérent, &, l'ayant reconnu, ils le portérent à son Hôtel. Dès qu'il y fut arrivé, on appella les Chirurgiens : ls dirent qu'ils n'y avoit point d'apparence qu'il en mourût ; mais qu'il ne pouvoient rien assûrer de certain, que le lendemain, après qu'ils auroient levé le premier appareil. Helas ! leur prédiction ne fut que trop vraye ! Le Baron fut dans peu de tems hors d'affaire. Comme tout le monde avoit

su

fu l'état où l'on l'avoit trouvé, le Comte Griti l'alla visiter, dès qu'il fut permis de le voir. Il s'informa de ce qui avoit pu occasionner son combat. Comme il s'étoit passé sous les fenêtres de sa fille, il soupçonna que la jalousie pouvoit en avoir été cause: il pria le Baron de lui avouer naturellement ce qui en étoit. Vous savez, lui dit-il, quels sont mes sentimens pour vous; je vous regarde presque comme l'époux de ma fille. Le Baron avoua qu'il m'avoit trouvé sous les fenêtres de Séraphina, & que c'étoit moi qui l'avoit blessé: c'en fut assez pour mettre le Comte Griti dans une fureur étonnante: il jura qu'aussitôt que le Baron seroit rétabli,

bli, il concluroit le mariage de sa fille : il regardoit la démarche qu'elle avoit faite de me parler à la fenêtre comme un crime irrémissible ; & dès ce moment il me regarda comme son plus mortel ennemi. En retournant chez lui, il envoya dire à Séraphina de venir le trouver dans son appartement. Fille indigne, lui dit-il, si-tôt qu'elle y entra : je sai quelle est ta conduite : je connois le fond de ton cœur; mais je trouverai bien le secret de te faire rentrer dans ton devoir, d'éviter que tu ne donnes des rendez-vous dans la nuit, & que tu ne fasse égorger un homme que je te destine pour époux. Prépare-toi à donner la main au Baron,

ron, ou à entrer dans un Couvent pour le reste de tes jours.

Séraphina fut si frappée & si saisie des discours de son pere, qu'elle n'eut pas la force de lui répondre; elle se retira dans son appartement, où ses larmes furent sa seule consolation. Il y avoit sept jours qu'elle n'avoit eu aucune de mes nouvelles; après mon affaire avec le Baron je m'étois retiré à mon Régiment, qui n'étoit, comme je l'ai dit, qu'à huit lieues de Naples. J'appris par un homme affidé, que j'envoyai dans cette Ville, que tout le monde ignoroit qui étoit celui qui avoit blessé le Baron: qu'il répandoit lui-même le bruit qu'il avoit

avoit été attaqué par des Voleurs; & que la seule chose qui faisoit croire le contraire, c'est qu'il avoit été trouvé noyé dans son sang sous les fenêtres de Séraphina, dont on savoit qu'il étoit amoureux.

Lorsque j'appris ces nouvelles, je retournai à Naples, & je tâchai d'instruire ma Maîtresse de mon retour: je chargeai le même homme, à qui j'avois déja confié mon secret, de rendre une Lettre à la Gouvernante de Séraphina, que j'avois mise dans mes interêts, pour qu'elle la donnât à sa Maîtresse, & m'en fît tenir la réponse; jugez qu'elle fut ma surprise, lorsque deux ou trois heures après avoir trouvé le moyen de rendre

ma

ma Lettre, le même homme me rapporta celle-ci.

LETTRE.

« Quelque soit mon deseſ-
« poir, votre Lettre ma
« cependant apporté beau-
« coup de conſolation : j'ai
« appris avec plaiſir votre
« retour; mais je doute que
« je puiſſe avoir celui de vous
« parler. Le Baron de Feneſ-
« troli a inſtruit mon Pere
« de votre combat : il ſait
« tout, il eſt outré de dépit :
« il veut que je donne la
« main à votre Rival, ou que
« j'entre pour toujours dans
« un Couvent; je crois que
« mon cœur vous eſt aſſez
« connu, pour juger aiſément
« du

„ du parti que je dois pren-
„ dre. Puisque je suis assez
„ infortunée pour ne pouvoir
„ être à vous, soyez assûré
„ que je ne serai jamais à
„ personne ; ce doit être après
„ demain le jour fatal, où je
„ dois décider entre votre Ri-
„ val & le Couvent. Je se-
„ rois bien aise de pouvoir
„ vous dire adieu avant que
„ de m'enfermer dans le
„ Cloître. Voyez, cherchez
„ vous-même une expédient:
„ il m'est impossible de me
„ trouver à la fenêtre, & je
„ suis trop observée : peut-
„ être irai-je demain à la Mes-
„ se chez les Franciscains:
„ vous pourriez m'y voir dans
„ le même endroit que la
„ premiére fois, mais il est
„ fort

„ fort incertain si j'aurai la
„ liberté de sortir; trouvez-
„ vous toujours à l'Eglise,
„ peut-être que l'Amour favo-
„ risera nos desseins ".

Je ne saurois vous dire, continua le Comte d'Ajouli, les mouvemens que cette Lettre excita dans mon cœur. Né d'un tempérament fort violent, il en falloit beaucoup moins pour me pousser à l'extrémité. Je jurai cent fois la mort de Fénestroli : je résolus de me délivrer d'un Rival importun ; cependant un reste de raison me retint. Je compris que je me perdrois entiérement, & que je perdrois aussi Séraphina, si je faisois un éclat; je pris enfin, avec bien
K de

de la peine, le parti de diſſimuler.

Je me trouvai au rendez-vous, & peu après y être arrivé je vis entrer dans l'Egliſe ma Maîtreſſe ſuivie de ſa ſeule Gouvernante. Elle vint dans la Chapelle, & m'étant placé derriére ſa chaiſe : c'eſt maintenant, me dit-elle qu'il faut que je vous diſe un éternel adieu : ce n'eſt point aſſez de vous perdre, il faut encore que je me livre à tout ce que je hai ; je ne puis éviter ce ſort affreux qu'en me retirant pour toujours du monde ; helas ! ſi je ne vous avois jamais vu je l'aurois quitté ſans regret, & vous ſeul me faites ſentir l'amertume de ma retraite. Non, non, répondis-je,
belle

belle Séraphina, vous ne quitterez point le monde : c'est à moi de vous délivrer d'un Amant odieux : vous n'avez qu'à parler, & bien-tôt le perfide Féneſtroli ne ſera plus en état de vous nuire ; je n'ai différé ma vengeance que pour vous demander la permiſſion de l'entreprendre. Je vous défends, repliqua Séraphina, par tout le pouvoir que j'ai ſur vous, d'avoir aucun démêlé avec votre Rival : vous ne feriez que rendre mon ſort plus triſte, & irriter d'avantage mon Pere contre vous ; eſpérons tout du tems & de notre patience peut-être que ma conſtance & mon obſtination lui feront changer de ſentiment, & que laſſé de me persécuter il consentira à nous rendre heureux.

Je suivrai, dis-je à ma belle Maîtresse, les ordres que vous me prescrivez; & puisque vous me l'ordonnez je dompterai mon ressentiment. C'est-là, reprit-elle, ce qui seul peut faire changer notre fortune : lorsque je serai enfermée, vous pourrez m'écrire par le moyen de Mariana ma Gouvernante; il ne faut point se flater de fléchir si-tôt le courroux de mon Pere, & je suis sûre d'être obligée demain d'entrer dans une Maison Religieuse.

La chose arriva ainsi que Séraphina l'avoit dite. Son Pere lui ayant ordonné de se préparer à épouser le Baron, elle

le répondit qu'elle étoit prête d'accepter le parti du Cloître. Je le veux bien lui dit le Comte, mais vous aurez le tems de vous y ennuyer; & si dans trois mois d'ici vous n'avez pas changé de dessein, je trouverai le moyen de vous faire prendre l'Habit dans ce même Couvent, où vous entrerez aujourd'hui Pensionnaire.

La vivacité avec laquelle d'Ajouli racontoit ses avantures me fit crainde que ses blessures n'en fussent altérées. Calméz-vous, lui dis-je, je vois que la Divinité a voulu se servir de moi pour vous faire rentrer dans le chemin de la Vertu que vous aviez abandonné: plus vous en étiez éloigné & plus votre retour me flatera.

Je sens que, malgré l'horreur que m'ont donné vos forfaits une pitié secrete m'interesse à vos jours : je vous verrai tantôt : une plus longue conversation pourroit nuire à présent à votre santé ; & il importe au bien & à la tranquilité de toute l'Isle que vous soyez bien-tôt guéri, pour cimenter une paix stable entre les Troglocites & les Quacacites, & pour ramener par votre exemple vos Compagnons à la vertu.

Fin de la seconde Partie.

LE

LE LÉGISLATEUR MODERNE, OU LES MÉMOIRES DU CHEVALIER DE MEILLCOURT.

TROISIÈME PARTIE.

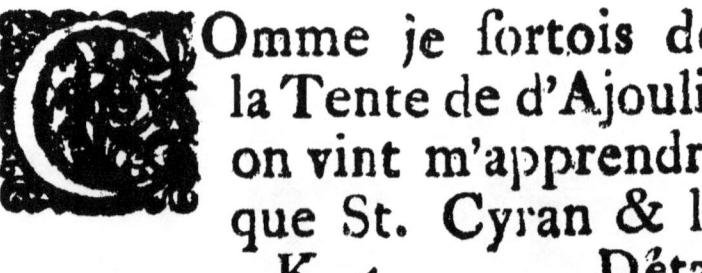Omme je sortois de la Tente de d'Ajouli, on vint m'apprendre que St. Cyran & le Déta-

Détachement que j'avois envoyé à la Forêt alloit bien-tôt arriver; six Troglocites, que mon Ami avoit détachés pour m'instruire de sa Victoire, m'assûrérent que toutes les Troupes n'étoient plus qu'à une lieue, & une heure après je commençai à les découvrir.

Comme je craignois que les Quacacites ne sortissent du Fort pour les attaquer & profiter de leur lassitude, je fis ranger mon Armée en bataille dans la Plaine pour favoriser leur arrivée; mais ils nous joignirent sans qu'il se passât aucun Combat, & nous rentrames ensemble dans le Camp.

Après avoir félicité St. Cyran sur sa Victoire je résolus de travailler à finir cette Guerre

re le plutôt qu'il me feroit poffible. La prife de d'Ajouli favorifant mes deffeins, je crus que je ne devois charger perfonne de l'exécution de mon Projet que moi-même. J'envoyai donc trois Quacacites prifonniers de guerre, à qui je rendis la liberté, & leur ordonnai de dire à Vaudrecourt que que s'il vouloit envoyer quatre Européens pour Otages dans mon Camp, j'irois moi-même au Fort lui faire des propofitions de Paix, dont il auroit lieu d'être content, & que j'attendrois fa réponfe pour me déterminer à l'attaquer dans les formes : que je voulois bien lui apprendre que j'avois encore vingt Européens dans la Forêt, cent dans le Fort que
j'a-

j'avois fait conſtruire au bord de la Mer ; & que j'aurois du Canon, & tout ce qu'il me faudroit, pour le réduire bientôt à l'extrémité.

Lorſque les Quacacites furent partis de mon Camp pour aller dans celui de leurs Compatriotes, je rentrai dans la Tente de d'Ajouli, dont les bleſſures ſembloient aller de mieux en mieux. Je lui appris le retour de mes Troupes; il avoit déja été informé de leur Victoire par les dix Européens qui l'avoient rejoint le jour qu'il fut fait priſonnier. Je lui demandai enſuite s'il vouloit achever de m'inſtruire de ſes avantures, & me dire de quelle maniére je devois en agir avec ſes Camarades pour conclure
aiſé-

aisément la paix. Je vais, me dit-il, vous satisfaire sur tout ce que vous me demandez; & peut-être que les malheurs, qui m'ont rendu criminel, pourront diminuer dans votre esprit une partie de l'horreur que mes forfaits doivent vous avoir donnée pour moi. Puisque vous commencez, répondis-je, à connoître votre égarement, je dois vous plaindre plutôt que vous haïr : les plus grandes foiblesses sont le partage des Humains; mais le repentir ne naît que dans le cœur des grands Hommes, ou de ceux que la Divinité a voulu favoriser. Pardonner à un ennemi qui reconnoît sa faute, c'est imiter cette Divinité : il n'est point de Grandeur qu'elle ne puisse réduire en poudre, lorsqu'elle est irritée ; mais le moindre retour vers elle lui arrache les armes de la main. Périssent ceux qui rendent l'Etre Suprême un Tyran odieux, qui ne lui font créer des hommes que pour les perdre, & qui osent soutenir l'affreux sentiment qu'il faut qu'il y ait des malheureux pour faire paroître sa gloire & sa puissance ! Eh quoi ! l'Etre tout-puissant, qui de rien a créé toutes choses, qui peut les anéantir, ainsi qu'il les a formées, a-t-il besoin du supplice de quelques infortunés Mortels, pour montrer son pouvoir ? Il est aussi clément, aussi doux, qu'il est puissant ; &, malgré tous les crimes que

que vous avez commis, il les a déja oubliés, si vous vous en repentez.

Heureux les hommes qui réglent leurs actions sur la conduite de la Divinité, & qui, ennemis mortels du Vice, ont pitié du Vicieux dès le moment qu'il reconnoît sa faute, & qu'il cherche à s'en corriger? Celui qui n'a point le cœur assez grand pour pardonner une offense, ou manque de courage, ou manque d'humanité. Quel bonheur pour moi, s'écria d'Ajouli, si j'eusse pu penser de même! & combien de crimes n'aurois-je pas évités? Apprenez, poursuivit-il, généreux Meillcourt, tous ceux que la haine & la vengeance m'ont fait commettre.

SUITE DE L'HISTOIRE DU COMTE D'AJOULI, ET DE SÉRAPHINA GRITI.

DÈs que Séraphina fut au Couvent, elle me le fit savoir par Mariana sa Fille de Chambre. Je cherchai des moyens pour pouvoir lui parler : la douleur d'être privé de sa vûe me rendoit la vie insupportable ; & si je n'eusse souvent reçu de ses Lettres, qui calmoient mon desespoir, quelque résolution que j'eusse prise de me contraindre, j'aurois attaqué le Baron de Féneſtroli

neſtroli, & vangé par ſa mort tous les maux dont j'étois devoré. Enfin ils augmentérent à un tel point, que, pour les ſoulager & voir ma chére Maîtreſſe, je tentai la choſe du monde la plus périlleuſe. Je ne pouvois lui parler à la Grille: les Religieuſes avoient ordre de ne la laiſſer jamais aller au Parloir; elle ne voyoit que ſa Gouvernante, qui avoit la permiſſion d'entrer dans le Couvent, & qui lui portoit ce dont elle pouvoit avoir beſoin. C'étoit par ce moyen que je recevois de ſes Lettres, ne pouvant la voir, ni lui parler. Je réſolus d'entrer dans le Couvent & de m'y tenir pluſieurs jours caché. Je ſavois les riſques auxquels une pareille entrepriſe m'expoſoit; mais

mais je ne pouvois plus vivre sans voir Séraphina. Je connoissois une Dame qui alloit souvent dans cette Maison, où elle avoit une Sœur Religieuse ; ce fut à elle que je m'adressai pour réussir dans mes desseins. Elle m'avoit plusieurs obligations essentielles : j'avois donné depuis peu une Compagnie à son fils dans mon Régiment ; je la priai si instamment de s'employer pour moi, que, quoiqu'elle vît le danger que je courois, elle y consentit à la fin & parla à la Portiére. C'étoit heureusement une amie de sa Sœur qu'il falut aussi mettre de la confidence. L'affaire réussit beaucoup mieux que je ne l'avois d'abord espéré ; car moyennant cent Louis

Louïs que je lui donnai, elle se chargea de me cacher pendant six jours dans le Couvent, & de me faire parler à Séraphina. Dona Urselina, c'étoit ainsi qu'on appelloit la Sœur de la Dame, ne voulut point entrer dans l'exécution de ce Projet; elle se contenta d'encourager Dona Angelina la Portiére, & de promettre un secret inviolable.

Lorsque tout fut conclu & arrêté, je me déguisai en Servante : je mis une Corbeille pleine de linge sur ma tête & j'entrai dans le Couvent, comme si j'avois été une femme qui portât quelque chose à Dona Angelina. Comme elle étoit Portiére, elle me fit monter sur le champ dans sa Chambre

bre, où je restai enfermé sans qu'on s'apperçût si j'étois ressorti; parce que Dona Angelina étoit la seule qui pût y prendre garde à cause de son Emploi, & que personne n'en eut pas le moindre soupçon.

Dès que la nuit fut venue, & que les Religieuses, après avoir soupé, furent rentrées dans leurs Chambres, Dona Angelina passa dans celle de Séraphina, & lui découvrit l'expédient que j'avois pris pour lui parler; mais elle en fut si surprise, qu'elle resta quelque tems sans répondre & refusa ensuite de me voir: l'idée de me sentir dans sa Chambre, les suites qui pouvoient

voient en arriver, balançant le plaisir qu'elle auroit à me parler; cependant Dona Angelina la détermina à faire sur elle cet effort. Que voulez-vous, lui dit-elle, qu'il pense, si, après avoir tout risqué pour vous voir, vous avez la dureté de lui refuser cette consolation? Son desespoir peut l'obliger à tenter quelque autre expédient qui pourroit être découvert. D'ailleurs, vous ne risquez plus rien à présent, puisque le plus difficile est fait; & que personne ne vient dans votre Chambre que votre Gouvernante dont vous êtes assûrée. Ne craignez rien, je ferai sortir le Comte du Couvent avec plus de facilité qu'il n'y est en-

entré; & pendant que les Religieuses feront à l'Office il passera aisément au milieu du Cloître à l'aide de son déguisement. Si quelqu'une le rencontroit, elle ignoreroit depuis quel tems il est ici; car il est si bien masqué, que si vous n'aviez pas été prévenue, vous l'auriez méconnu vous-même.

Comme Séraphina m'aimoit véritablement, & que tout lui parloit en ma faveur, elle consentit enfin que je passasse dans sa Chambre. Je me jettai à ses pieds en y arrivant; je lui jurai mille fois un amour éternel, & une reconnoissance infinie des bontés qu'elle avoit pour moi. Levez-vous, me dit-elle, quelque plaisir que je ressente à vous voir, je ne saurois approuprouver votre conduite : examinez le risque que vous courez ; voyez ce que nous deviendrions l'un & l'autre, si vous étiez découvert. Laissez-moi, répondis-je, belle Séraphina, goûter le bonheur de vous voir, sans le troubler par de vaines terreurs : l'Amour nous favorisera : c'est lui qui m'a conduit auprès de vous, malgré les grilles & les verroux dont vous êtes entourrée ; & c'est lui qui me fournira les moyens de vous arracher de votre prison, si vous y consentez. Qu'ôsez-vous me proposer reprit Séraphina, pouvez-vous penser qu'oubliant ce que je dois à ma Famille, & ce que je me dois à moi-même ; je consente à vous

sui-

suivre & à vouloir être heureuse au dépens de mon honneur ? Hé quoi ! répondis-je, belle Séraphina, l'honneur vous oblige-t-il d'être la victime d'un Pere barbare & cruel, ou de vous livrer à tout ce que vous haïssez ? Ne pouvez-vous sans crime faire choix d'un Epoux, qui vous adore, & qui ne veut vivre que pour vous ? La Vertu exige-t-elle qu'on se plonge dans les plus grands malheurs, lorsqu'on peut les éviter ? Que savez-vous, continuai-je, peut-être que votre fuite rendroit à votre Pere l'usage de sa raison ; & que, lorsqu'il verroit que je serois votre Epoux ; qu'il n'y auroit plus d'espérance pour Fénestroli, il vous accorderoit

deroit son amitié, & feroit des réflexions qu'il ne fera jamais, tandis qu'il aura quelque espérance de voir réussir ses desseins. Ne me pressez point, dit Séraphina, de consentir à une chose, dont la seule proposition me blesse ; quelque sort que le Ciel me réserve, j'aime mieux l'essuyer que de faire un pas dont ma réputation pourroit être ternie.

La nuit se passa sans que je pusse rien obtenir sur l'esprit de ma belle Maîtresse, & le jour étant arrivé les Religieuses se rendirent au Chœur. Dona Angelina rentra dans la Chambre, & vint m'avertir qu'il étoit tems de me retirer, mais ce n'étoit pas là mon dessein ; je me jettai
aux

aux pieds de Séraphina, & je la priai de souffrir que je passasse encore une journée dans le Couvent. Vous êtes fou, me dit-elle; & dans quel endroit voulez-vous demeurer? Par-tout, lui dis-je, où vous voudrez, pourvû que je ne m'éloigne point encore de vous. Cependant c'étoit vainement que je priois, pleurois & me desespérois; ma Maitresse étoit inflexible & je perdois toute espérance, lorsque Dona Angelina représenta que ce que je demandois n'étoit point si difficile que je ne dusse l'obtenir. Il sera aussi facile continua-t-elle de le faire sortir demain qu'aujourd'hui: personne ne vient dans votre Chambre vous pouvez en tout cas
le

le faire cacher dans votre Cabinet : & puisqu'il a passé une nuit dans votre appartement, pourquoi se faire un vain scrupule de l'y laisser un jour ou deux de plus ? Cette rigidité déplacée ne sert qu'à vous tourmenter tous deux.

Dona Angelina parla si éloquemment, qu'elle détermina Séraphina : l'adroite Religieuse usoit elle-même d'un conseil qu'elle donnoit à ma Maîtresse ; j'ai su dans la suite qu'elle avoit un Amant qu'elle introduisoit très-souvent dans la Maison & que j'aurois pu tenter sa vertu à beaucoup meilleur marché, qu'à cent Louis qu'elle avoit eus pour me faire parler à Séraphina.

Quand il fut arrêté que je reste-

resterois encore deux jours dans le Couvent, il survint une difficulté que ma confidente leva encore aisément. Comment nourrirons-nous le Comte, dit Séraphina ? Vous voilà bien embarassée, répondit Angelina, nous le nourrirons avec des confitures; & j'aurai soin, s'il trouve cette viande trop legére, de lui apporter du pain que je mettrai dans ma poche, & que je prendrai lorsque j'irai au Réfectoir. Je remerciai ma Pourvoyeuse : elle me tint parole; & pendant huit jours que je restai dans le Couvent, je ne manquai ni de pain ni de confitures.

Il étoit difficile que je passasse huit jours dans le Couvent,

vent, & que je ne fisse point changer Séraphina de résolution. Elle consentit dès le second à m'accepter pour époux : nous primes tous les deux le Ciel à témoin de notre union : nous le rendîmes garand de nos sermens ; &, sans attendre des cérémonies que l'amour nous faisoit regarder comme inutiles, nous nous livrames aux transports les plus doux, & nous primes des mesures convenables pour nous délivrer de la contrainte dans laquelle nous aurions été si elle fût restée au Couvent.

Dès que je fus époux, elle ne balança plus à me suivre ; l'amour en me rendant heureux avoit dissipé ses scrupu-
les.

les. Nous arrêtames donc que trois jours après je me trouverois dans la rue pendant la nuit sous les murailles du Jardin, qui n'étoient point trop élevées, & qu'à l'aide d'une double échelle de corde, dont je jetterois un des côtés par-dessus, & qui tomberoit dans le Couvent, Séraphina viendroit me joindre. La chose réussit ainsi que que nous l'avions projettée, & trois jours après être sortie du Couvent ma Maîtresse fut entiérement en mon pouvoir; son enlévement fit un bruit étonnant. Pour qu'on n'accusât personne dans la Maison de l'avoir favorisée, nous laissames l'échelle de corde sur la muraille du Jardin, & après avoir été nous

ma-

marier dans une petite Ville auprès de Naples, je me retirai dans une de mes Terres, qui n'en étoit éloignée que de quatre lieues.

Je fis avertir le Comte Griti de ma conduite, pensant qu'il se laisseroit fléchir dès que sa fille seroit mariée; mais loin qu'il prît aucun sentiment favorable à mon égard, il résolut de me perdre entiérement & d'envelopper sa fille dans ma ruïne. Il m'attaqua en qualité de ravisseur: il suscita les Prêtres & les Moines, qui se joignirent à lui, pour demander que je fusse puni de mort, pour avoir violé une Maison Religieuse & enlevé une fille d'un Azyle qu'on ne pouvoit violer sans se rendre

dre digne des plus grands châtimens. Il vint en partie à bout de ce qu'il souhaitoit : il obtint sans que je le susse un ordre pour me faire arrêter de même que sa fille ; je fus fort surpris de voir un jour mon Château entouré, sur les cinq heures du matin, par un Détachement de Dragons. Le Commandant m'ordonna de la part du Viceroi de le suivre à Naples, où il conduisit aussi mon épouse. En arrivant, on me renferma dans la Citadelle : je fus gardé très-étroitement dans ma Chambre ; j'avois deux Sentinelles à ma porte. Séraphina fut misse dans un Couvent très-auftère ; elle y étoit observée avec beaucoup de précaution & les

Re-

Religieuses répondoient d'elle.

Cependant on instruisoit mon procès, & mes plus terribles ennemis étoient les Moines: ils vouloient absolument me perdre; & ils y auroient sans doute réussi, si mon pere & ma famille, qui agissoient avec force auprès de la Cour d'Espagne, n'eussent pas obtenu qu'elle se réservât à Elle seule la connoissance de mon affaire. Par ce moyen je fus délivré en partie de la persécution de mes ennemis; mais leur haine leur fournit un moyen pour me tourmenter cruellement. La Cour d'Espagne m'avoit condamné à trois ans de prison: Elle avoit ordonné que Séraphina subiroit la même peine & que nous serions remis en liberté après ce tems. Le Comte Griti piqué de voir ses cruels projets évanouis, & de ne pouvoir faire déclarer nul le mariage de sa fille, qu'il nommoit un sacrilège & un attentat contre la Religion & l'autorité paternelle, résolut de profiter de la durée des trois ans de la captivité de Séraphina pour l'accabler de maux. Elle étoit en proye à tous les caprices des Religieuses & à toutes les insultes des Moines; on lui refusoit les choses les plus nécessaires. Je fus pendant six mois sans recevoir aucune de ses nouvelles: on ne souffroit pas qu'elle vît personne; enfin ma Fa-

Famille obtint de la Cour d'Espagne que je pourrois lui écrire, & que mon Valet de chambre pourroit une fois la semaine lui remettre une de mes Lettres & m'apporter sa réponse. Je fus instruit alors de toutes les cruautés que ma chére Epouse avoit reçues & de celles dont on l'accabloit journellement ; je résolus de les faire finir, & de l'arracher de cette tyrannie à quelque prix que ce fût. Je communiquai mon dessein à un Officier de mon Régiment, qui m'avoit toujours témoigné beaucoup d'attachement, & qui venoit souvent me consoler. Je suis déterminé, lui dis-je, à finir mon esclavage & celui de mon épouse : elle a encore plus de deux ans à passer dans le Couvent, elle succomberoit aux maux qu'elle y endure : c'est-là l'idée de son barbare pere ; si vous m'aimez, continuai-je, vous m'aiderez, Vaudrecourt, à sortir d'embarras.

Je suis résolu de passer en France, de quitter le Service d'Espagne & d'emmener ma femme avec moi. Je suis prêt, répondit Vaudrecourt, à tout entreprendre pour vous : vous n'avez qu'à ordonner, il n'est aucun danger que je n'essuye avec plaisir, dès que je pourrai finir vos malheurs ; mais considérez que, pour ne pas vouloir souffrir des maux qui seront passés dans deux ans, vous allez peut-être vous plonger

ger dans d'autres qui dureront éternellement. Si vous abandonnez le Service d'Espagne : si vous faites encore un éclat dans Naples, vos biens seront confisqués : vous vous trouverez réduit dans une triste situation & il n'est rien de si affreux que d'être dans un Païs étranger, privé des ressources qui sont ordinaires à un homme de votre façon. Je n'ai rien à craindre, repliquai-je, pour mes biens : ils sont tous encore sur le tête de mon pere, & lorsque je serai parti il prendra des mesures pour les vendre, & m'en faire toucher l'argent en France. Il faut seulement qu'il ignore mon dessein ; car il n'y consentiroit jamais, au lieu qu'il sera forcé
de

de m'aider, quand une fois la chose sera faite. Je vous ai déja dit, reprit Vaudrecourt, que je suis prêt à tout entreprendre : vous n'avez qu'à parler & j'exécuterai vos ordres ; mais si vous m'en croyiez, vous ne passeriez pas en France. C'en est fait, repliquai-je, & ma résolution & prise : je ne saurois souffrir davantage l'idée des persécutions qu'essuye Séraphina ; & , si vous voulez me seconder, dans trois jours je l'arracherai de sa prison. Il faut que vous alliez au Régiment : vous choisirez quatre Soldats sur lesquels vous puissiez compter ; vous aurez aussi le soin de faire tenir un Bâtiment prêt à mettre à la voile dès que nous voudrons. Il m'est aisé de sortir

tir de la Citadelle quand je voudrai: depuis deux mois j'ai la permiſſion de me promener par-tout, & je ſuis priſonnier ſur ma parole: j'ai remarqué un endroit du rempart par où je puis dans la nuit deſcendre aiſément dans le Foſſé: lorſque je ſerai en liberté nous marcherons au Couvent; mon Valet de chambre m'a dit qu'il étoit facile d'y mettre le feu par le moyen de deux ou trois Greniers remplis de foin, qui touchent l'appartement des Religieuſes, & dont les fenêtres & les portes tournent du côté de la rue. Dès que nous aurons embraſé le Couvent, les perſonnes qui y ſont ne manqueront point d'appeller au ſecours: dans le trouble

& dans la confusion nous entrerons dans le Cloître; & nous profiterons du defordre que l'incendie y caufera, pour enlever mon époufe.

Vaudrecourt fit inutilement ce qu'il put, pour me faire changer de deffein; je reftai toujours inflexible. Si vous trouvez, lui dis-je, que mon projet foit trop périlleux laiffez-moi l'exécuter feul; je ne vous demande que de me faire préparer un Bâtiment. Vaudrecourt fut fenfible à ce que je lui difois. Pouvez-vous, me répondit-il, foupçonner un moment que la crainte du péril m'épouvante? Allons, il faut brûler le Couvent, j'y confens, & je me charge même de l'exécution; mais croyezyez-vous qu'il ne fût pas à propos d'avertir Séraphina pour qu'elle pût seconder nos desseins ? Gardons - nous en bien, repris-je : elle ne les approuveroit jamais : peut-être même les découvriroit-elle à des gens qui pourroient en empêcher l'exécution : je connois la vertu de Séraphina ; quelque grands que soient les malheurs dont elle est accablée, elle ne voudroit pas les finir par un crime. Cela étant, dit Vaudrecourt, il ne reste plus qu'à terminer notre entreprise le plutôt qu'il nous sera possible. Nous la fixames à deux jours de là : c'étoit le tems qu'il nous falloit pour faire venir du Régiment les Soldats dont nous avions be-

besoin. Dès qu'ils furent arrivés, Vaudrecourt se rendit à minuit sur le Glacis de la Citadelle ; & je m'écoulai heureusement par l'endroit du rempart que j'avois remarqué. Lorsque je fus dans le Fossé, je montai dans le Chemin couvert, & je rejoignis mon ami sans qu'il me fût arrivé aucun accident.

Des commencemens aussi heureux nous firent bien augurer de la suite de notre entreprise. Nous allames droit au Couvent suivis de quatre Soldats : nous avions eu le soin de nous pourvoir de huit ou neuf méches souffrées & d'une grosseur considérable. Nous les allumames à l'aide d'une Lanterne sourde que nous a-

‑‑ions portée ; & nous les jettames dans les Greniers dont les fenêtres étoient ouvertes. Bien-tôt la flâme se déploya, & le feu, en moins d'un quart d'heure, devint si grand, que presque tout le côté du Couvent qui touchoit au Grenier fut embrasé.

Avant qu'on eût eu le tems de crier au secours, nous nous étions éloignés, après avoir jetté nos méches, pour qu'on ne pût avoir aucun soupçon. Hélas ! cette précaution causa ma perte. Nous restames quelque tems dans une autre rue en attendant que nous entendissions appeller au secours; & lorsque nous revinmes nous fumes-bien étonnés du progrès que le feu avoit fait. Tout

le

le Quartier étoit déja accouru ; le Couvent étoit rempli de monde. Pardonnez, dit d'Ajouli, ce funeste souvenir m'accable sans cesse, & je ne puis penser à ce que je vis, sans justifier les cruautés auxquelles je me suis porté contre les hommes, puisqu'il y en a eu d'assez barbares pour me forcer à faire un crime qui eut des suites si funestes. Et quelles suites, grand Dieu ! la mort de mon épouse. Oui, généreux Meillcourt, elle avoit été une des premiéres victimes que cet embrasement fit périr : sa Chambre, ainsi que celles de plusieurs autres Religieuses étoient voisines des Greniers à foin ; avant qu'on pût les secourir, elles furent étouffées par

par la fumée & à demi-grillées par le feu. Parmi quelques cadavres qu'on arrachoit à la fureur des flâmes qui faifoient toujours plus de progrès, que devins-je, lorfque je reconnus celui de ma chere Séraphina? Mon premier mouvement fut de me précipiter dans le feu; mais un autre me détermina à me jetter fur le corps de mon époufe & à me poignarder deffus. Je tirai mon épée; mais Vaudrecourt me retint. Je me mis alors à jetter des cris étonnans, la rage & la fureur m'empêchoient d'articuler, je ne faifois qu'hurler fans dire aucun mot. Le Peuple occupé à éteindre l'incendie, crut que je regrettois la perte de quelque parente : on fit peu d'atd'attention à mon desespoir ; & Vaudrecourt, profitant du trouble & de la confusion où j'étois, me fit enlever par deux des Soldats déguisés que nous avions amenés. Il ordonna au deux autres de transporter le corps de Séraphina dans le Bâtiment qui nous attendoit où j'arrivai sans connoissance.

Lorsque nous fumes embarqués, Vaudrecourt ordonna qu'on mît à la voile ; & nous partimes avec un fort bon vent pour Gênes. Mon ami employa tous ses soins pour me rendre la raison, j'en avois perdu tout l'usage ; & la douleur m'avoit tellement dérangé l'esprit, que je disois les choses les plus extravagantes. Je pleurois dans certains momens,

mens, dans d'autres je semblois avoir oublié mes malheurs; enfin après avoir été près de deux fois vingt-quatre heures dans cette agitation, sans vouloir prendre aucune nourriture, mes sens s'assoupirent, & je dormis pendant trois ou quatre-heures. Hélas! de quels maux ne fus-je point accablé à mon réveil? Ce peu de repos m'avoit rendu l'usage de ma raison; mais elle ne servit qu'à me faire sentir plus cruellement mes infortunes. Je me livrai de nouveau à mon desespoir: je répandis un torrent de larmes; ce ne fut qu'après des peines & des soins infinis que Vaudrecourt obtint que je prendrois quelque nourriture.

J'i-

J'ignorois toujours que mon ami eût sauvé le corps de Séraphina de l'embrasement ; c'étoit pour moi un surcroît de douleur de ne pouvoir donner la sépulture à ma chére épouse. Le vent ayant changé, nous fumes obligés de relâcher sur une Côte deserte : Vaudrecourt crut devoir m'avouer qu'il avoit fait emporter le corps de Séraphina ; il pensa que la consolation de pouvoir l'inhumer diminueroit mes chagrins, & m'apprit ce secret que j'avois ignoré jusqu'alors. Montrez-moi, m'écriai-je, ces restes malheureux de ma chére épouse, afin que je puisse les embrasser, & avoir la satisfaction d'expirer en les voyant.

Il

Il faut, répondit Vaudrecourt, si vous voulez que je consente à vous montrer le corps de Séraphina, que vous me promettiez de vous contraindre, ou je suis résolu à la faire inhumer moi-même, sans vous en instruire ; mais puisque voici un endroit où l'on peut s'aquitter en liberté de ce devoir, je veux bien vous donner une consolation que vous avez paru souhaiter ardemment. Je promis à mon ami tout ce qu'il voulut dans la crainte qu'il ne me privât de la vûe d'une chose que je souhaitois si ardemment de voir. Lorsqu'on eut découvert ce cadavre à demi-brûlé, loin de me sentir agité de ces mouvemens de tendresse & de com-

compassion, qui m'avoient touché la premiére fois, je fus uniquement saisi d'une fureur qui s'empara de tous mes sens. Qu'on renferme ce corps, m'écriai-je d'une voix horrible, & qu'on le remporte où il étoit; je ne veux l'inhumer qu'à Gênes. Vaudrecourt fit vainement ce qu'il put pour me faire changer de résolution, croyant que cette vûe ne faisoit qu'augmenter ma douleur; il fallut cependant qu'il consentît à ma volonté.

Mais pourquoi, continua d'Ajouli, vous arrêter plus long-tems sur des choses aussi tristes & renouveller tous mes maux, en vous en faisant un détail plus long? Que vous dirai-je, généreux Meillcourt, le le desir de vanger la mort de Séraphina m'inspira le plus cruel des desseins, & je l'effectuai. Puisque je dois me plaindre, dis-je dans mon transport, & du Ciel & des hommes, je veux me vanger de tous les deux. Avant que de faire donner la sépulture au corps de Séraphina, j'en fis faire par un Sculpteur une Figure de bois, parfaitement ressemblante à l'état dans lequel il étoit pour lors, & je résolus de sacrifier à cette Idole, bâtie par le desespoir, élevée à la Vengeance, autant d'hommes que je pourrois. Pour cet effet, j'achetai un Bâtiment de l'argent que j'avois emporté avec moi : j'ordonnai à Vaudrecourt, qui avoit

avoit joint sa fortune à la mienne d'avoir soin de le faire équipper. Dans la situation où nous étions l'un & l'autre, nous n'avions guère rien de mieux à faire, que de devenir Corsaires. Je ne disois rien de mon dessein à Vaudrecourt, & je lui faisois croire que je ne voulois croiser que contre les Pirates de la Barbarie. J'affectai de choisir parmi mes Matelots des gens de sac & de corde, afin que les actions qu'ils me verroient faire dans la suite ne les étonnassent pas.

Lorsque notre Bâtiment fut prêt, je mis à la voile, pour la Côte de Naples ; & quand j'y fus arrivé, je mouillai dans un endroit où je ne pusse être découvert que difficilement. Je des-

descendis ensuite à terre, suivi des quatre soldats qui m'avoient promis de me suivre par-tout où je voudrois. Ils m'accompagnèrent à Naples, où je restai quelques jours caché, sans pouvoir exécuter mon dessein; mais enfin j'en vins heureusement à bout, & après avoir été à la veille de voir échouer mon projet, mes espions m'apprirent un jour que le Comte Griti & le Baron de Fénestroli étoient sortis en carosse de la Ville, & qu'ils alloient à une Maison de Campagne, qui étoit éloignée de plus de deux lieues. Je crus que je ne devois point manquer cette occasion; je les devançai, & j'allai, avec mes quatre Soldats, les attendre sur le chemin. Dès qu'ils furent dans l'embuscade, que je leur avois tendue, j'ordonnai à un des Soldats de tirer d'un sac qu'il portoit la Figure que j'avois fait faire de ma chére Séraphina. Connois-tu, dis-je au Comte Griti, pere barbare & dénaturé, cette image affreuse & défigurée ? C'est celle de ta malheureuse fille. Je lui fis alors un détail succint de mon avanture , & , quoiqu'il se jettât à mes genoux, je lui cassai la tête d'un coup de pistolet. J'en fis autant au Baron de Fénestroli, au Cocher , & à un domestique ; ensuite joignant l'extravagance à la cruauté, j'ordonnai aux Soldats de se prosterner devant l'Idole, à laquelle je venois

nois de sacrifier, & leur en donnai même l'exemple.

Cette impie cérémonie achevée, je retournai à mon Bâtiment; je m'embarquai & fis mettre à la voile. Lorsque je fus au large, je fis assembler tout mon Equipage, composé de gens de sac & de corde: je leur fis quelque libéralité & prévins par-là leurs esprits en ma faveur: ensuite je leur déclarai le barbare sacrifice que je venois de faire, & leur annonçai que je prétendois traiter ainsi tous ceux que je ferois prisonniers; que je ne demandois pour ma part que leur sang, & que je leur abandonnois leurs richesses. Un semblable partage plut infiniment à mes Matelots;

ils répondirent que je n'avois qu'à immoler l'Univers entier, si je voulois, pourvû qu'ils y trouvassent leur compte.

Vaudrecourt étoit si étonné de ce qu'il venoit de m'entendre dire, qu'il avoit été quelque tems sans pouvoir faire usage de la parole : enfin faisant un effort sur lui-même, & tâchant de rappeller ses sens éperdus, il se jetta à mes pieds pour me faire changer de sentiment : il me conjura de l'immoler le premier, plutôt que de le rendre témoin de pareilles cruautés ; mais tous les discours furent inutiles. Je traversai la Méditerranée & je crus que je ne devois commencer mes sacrifices, que lorsque je serois avancé dans l'Océl'Occéan, & que je pourrois plus aifément les continuer avec impunité. Je vins croifer à la hauteur du Cap de Bonne Efpérance, & ayant attaqué un Bâtiment Portugais, je le coulai à fond, après en avoir pris ce qu'il y avoit de plus précieux dans la cargaifon; & j'immolai enfuite à mon Idole de la Vengeance tout l'Equipage que j'avois fait prifonnier. Vaudrecourt me prédit une partie des malheurs qui devoient m'arriver. Je ne puis, dit-il, arrêter votre barbare fureur, mais le Ciel faura vous en punir : tremblez pour vous & pour tout ceux que vous affociez à vos crimes; la Divinité eft trop outragée pour qu'elle puiffe fouf-

souffrir long-tems de semblables forfaits. Quant à moi, je sens que, malgré vos crimes, je ne puis vous haïr, & que vous m'êtes toujours cher : un penchant aveugle m'entraîne vers vous : vos malheurs vous rendent moins horrible à mon esprit ; mais que pourra mon amitié contre la haine du Ciel ?

Les prédictions de Vaudrecourt eurent bien-tôt leur effet : un vent impétueux se leva le lendemain de ce barbare sacrifice : nous fumes pendant onze jours le jouet de la plus terrible tempête ; enfin, notre Bâtiment faisant eau de toutes parts, vint heureusement échouer sur le rivage des Quacacites. Comme il est rempli
de

Bancs de fable, notre Vaisseau ne s'enrrouvrit point d'abord, & durant près de douze heures de tems qu'il resta encore sans se démembrer, nous eumes le tems de faire quelques voyages avec notre Chaloupe, & d'en tirer certaines provisions, l'orage étant fini cinq ou six heures après que nous fumes échoués; mais comme nous pensions à débarquer quelques Canons, notre Bâtiment s'entrouvrit tout-à-fait, & nous ne pumes plus rien mettre à l'abri des flots.

En arrivant dans cette Isle notre premier soin fut de nous informer si elle étoit peuplée : nous découvrimes quelques Quacacites qui s'en fui-

fuirent dès qu'ils nous virent: nous tinmes conseil sur ce que nous ferions; & ayant besoin de plusieurs choses, & sur-tout de celles qui sont nécessaires à la vie, il fut résolu que nous tâcherions de faire connoissance avec les Sauvages & d'employer d'abord la douceur, de peur que, si nous les maltraitions, ils ne se retirassent dans leurs Forêts, & ne nous obligeassent à mourir de faim. Notre projet nous réussit: nous fimes alliance avec Montèze Chef des Quacacités; & nous nous expliquames aisément avec eux dans la suite, par le secours d'un de nos Matelots qui apprit bien-tôt la Langue des Sauvages, l'entendant en partie dès le commenmencement qu'il s'y appliqua, par la connoissance que les voyages qu'il avoit fait plusieurs fois dans les Indes lui avoient donné du langage de bien des Peuples, dont plusieurs mots étoient les mêmes que ceux qui sont en usage chez les Quacacites.

Cependant ma fureur trouva bien-tôt de quoi se satisfaire, malgré les dangers dont nous venions de sortir. J'entrai dans la guerre que les Quacacites alloient faire aux Troglocites, à condition qu'il me seroit permis d'immoler autant de prisonniers que je voudrois à l'Idole de la Vengeance. Vous savez le reste de mes malheurs, j'ai cru en trouver la fin dans notre combat; mais apparemment que la Divinité outragée me réserve à de nouvelles infortunes, ou à des crimes nouveaux.

La Divinité, répondis-je à d'Ajouli vous conserve pour effacer vos forfaits à force de vertu. J'entrevois, continuai-je, que je trouverai auprès de Vaudrecourt, qui commande maintenant vos Européens, beaucoup plus de facilité que je n'avois cru à la paix; je lui ai fait offrir d'aller moi-même dans son Camp la conclure avec lui. Soyez assûré, repliqua d'Ajouli, qu'il l'acceptera avec plaisir, ne fût-ce que pour finir mon esclavage: si vous avez à craindre quelqu'un, c'est un des quatre Soldats, dont je vous ai parlé, lé, & que fes crimes ont élevé au grade de mon Lieutenant. Il a peut-être parmi fes camarades plus d'autorité que Vaudrecourt, dont l'humeur douce leur paroît une foiblesfe ; cependant comme mon ami partage le Commandement avec moi, je ne doute pas qu'il ne fe foumettent à fes ordres.

A peine d'Ajouli m'avoit-il donné ces inftructions, que St. Cyran vint m'avertir que quatre Européens & vingt Quacacites étoient déja entrés dans le Camp, & qu'ils venoient pour fervir d'Otages, ainfi que je l'avois demandé. J'ordonnai qu'on les traitât le mieux qu'on pourroit, & qu'on les conduifît dans la

Tente de d'Ajouli pour qu'ils fussent eux-mêmes témoins de la maniére dont on en agissois envers lui, & combien elle étoit opposée aux cruautés qu'ils avoient exercées. Je partis ensuite pour me rendre au Fort des Quacacites, suivi uniquement de *Kinsqui-Cala*. En y arrivant, Vaudrecourt vint me recevoir, accompagné de Philippo, (c'étoit ainsi qu'on nommoit celui des quatre Soldats que d'Ajouli avoit fait son Lieutenant). Ce malheureux étoit né d'une bonne Famille : il avoit été élevé assez bien dans sa jeunesse ; mais le libertinage l'ayant porté a s'enrôler, il s'étoit élevé de crime en crime au rang qu'il occupoit.

Vau-

Vaudrecourt m'embrassa tendrement dès qu'il m'eût joint. Votre vertu & votre valeur, me dit-il, vont terminer une guerre funeste & éternelle ; parlez, c'est au Vainqueur à imposer les conditions & aux vaincus à les accepter. Je ne vous proposerai rien, lui répondis-je, qui puisse me faire perdre votre estime : je connois, continuai-je, généreux Vaudrecourt, vos sentimens, & je sai combien il eût été heureux pour votre ami d'avoir voulu suivre vos conseils ; mais enfin, il faut oublier le passé. Quand on peut prévenir les maux, on ne doit rien négliger pour les éviter : lorsqu'ils sont arrivés, la sagesse veut qu'on y remédie & qu'on
ne

ne les croye pas incurables; les plus grands malheurs entraînent souvent après eux la tranquilité, la vertu & le contentement. Ainsi votre naufrage & la guerre des Quacacites serviront à remettre d'Ajouli & ses Soldats dans un chemin dont ils s'étoient entiérement écartés; voilà comme la Divinité, impénétrable dans ses desseins, se sert souvent des moyens les plus extraordinaires, pour ramener les hommes à la vertu, & les tirer de l'abîme dans lequel ils étoient plongés. Je suis prêt, continuai-je, à renvoyer votre ami dans son Camp, & à lui rendre la liberté. Si vous manquez de provisions de bouche, ou d'autres

tres munitions, je ferai venir de la Colonie tout ce dont vous pourrez avoir besoin; mais j'exige que vous soyez, tant que vous resterez dans l'Isle, les Garands de la paix des Quacacites & des Troglocites; & qu'au lieu d'exciter ces Peuples à s'entredétruire, vous les entreteniez dans l'union. A ces conditions, non-seulement je vous assisterai de tout ce qui dépendra de moi; mais je vous regarderai comme mes camarades & mes compatriotes, si la fortune ne fait point aborder sur ces Côtes quelque Vaisseau qui puisse vous repasser en Europe.

Ces propositions sont trop justes, repliqua Vaudrecourt, pour que nous ne les acceptions

tions pas avec plaisir ; nous y souscrivons tous aveuglément, & vous n'avez qu'à régler quand & comment nous devons les exécuter. Cela sera fort aisé, repris-je, & dès demain nous comencerons par régler les limites des Quacacites & des Troglocites: *Kinsqui-Cala*, sera chargé de terminer cette affaire avec Montèze ; & lorsqu'elle sera finie, il viendra m'en apporter la nouvelle dans mon Camp. Je rendrai alors la liberté à votre ami: je ferai sortir mes Troupes des Terres des Quacacites: vous enverrez avec moi à la Colonie trois de vos Soldats qui viendront chercher ce dont vous pourrez avoir besoin ; & je leur donnerai cent

cent Troglocites, s'il est nécessaire, pour transporter ce qu'ils auront pris.

Vous agissez, me répondit Vaudrecourt, en Vainqueur généreux, qui, après avoir triomphé de ses ennemis par les armes, fait encore les vaincre une seconde fois par ses bienfaits. Si vous permettiez, ajouta-t-il, que Montèze, le Chef des Caciques Quacacites, se présentât devant vous, & qu'il ouit de votre bouche les bontés que vous voulez bien avoir pour sa Nation vaincue & soumise, la reconnoissance seroit encore plus gravée dans son cœur, & cela cimenteroit l'union future des deux Peuples qui vont terminer leur différend. Je con-

consens volontiers, répondis-je, à ce que vous me proposez; mais sans faire venir Montèze dans le Camp, je vais passer avec vous dans l'intérieur du Fort. J'y entrai en effet autant par curiosité que pour parler au Cacique; mais ce moment étoit marqué pour la perte de ma liberté. Le Cacique, instruit de mon arrivée, vint au devant de moi avec toute sa famille; la beauté d'Alzire, sa fille, me frappa, & je perdis au bout du Monde une liberté que j'avois conservée jusqu'alors.

La belle Sauvage avoit une Couronne de fleurs, un leger Jupon d'une espèce de tissu fait d'un jonc extrêmement délié,
un

un Corset de la même étoffe; mais qui laissoit voir à découvert la plus belle gorge du monde. Elle avoit un Arc sur les épaules & tenoit à la main une espèce de demi-Pique sur laquelle elle s'appuyoit : je crus voir la Diane des Payens ; tel étoit le portrait qu'en faisoient les anciens Poëtes. J'étois si attentif à examiner Alzire, qu'à peine pus-je prendre sur moi de parler quelque tems à Montèze, sans que mon trouble parût dans mes discours : mes yeux se tournoient sans cesse, malgré moi, vers elle : je sentois un trouble qui m'avoit été inconnu jusqu'alors ; je cherchois dans mon esprit un prétexte pour ne point encore sortir du du Fort, lorsque heureusement le Cacique m'en fournit un. Il me pria de souffrir qu'il m'offrît un leger repas & qu'il pût pratiquer à mon égard une coutume que les Quacacites observent exactement envers leurs Bienfaiteurs. Je fus charmé de prolonger le plaisir que j'avois de voir Alzire ; & comme je commençois à parler assez bien le langage des Sauvages, je lui dis mille choses que mon cœur dictoit à ma bouche, & qui m'étoient aussi nouvelles qu'à elle. L'amour jusqu'alors m'avoit été inconnu & j'étoit aussi embarassé qu'Alzire eût pu l'être, si elle avoit voulu me prévenir, & si son sexe n'eût pas été un obstacle à me découcouvrir que j'avois fait fur elle la même impreſſion qu'elle avoit fait ſur moi. J'étois en effet heureux ſans le ſavoir: une ſecrete ſympathie agiſſoit en ma faveur ; & le cœur d'Alzire reſſentoit un trouble égal au mien. Elle m'a avoué dans la ſuite que ma vûe lui cauſa des mouvemens dont elle eut peine à ſe défendre, & auxquels elle fut forcée de ſe ſoumettre.

Quelque plaiſir que j'euſſe à voir ma belle Maîtreſſe, il fallut cependant que je ſongeaſſe à retourner dans mon Camp. Après avoir accepté le repas que Montèze m'avoit offert, & la nuit s'avançant, je me diſpoſai à ſortir du Fort; mais le Ciel ſembla vouloir

loir favoriser mes desirs & occasionner en même tems mon entiére défaite. Un orage des plus violens étant survenu, Vaudrecourt me pria avec tant d'instances de passer la nuit dans le Fort, que je ne pus lui refuser cette grace. Je vis encore Alzire, mon amour prit de nouvelles forces, & le lendemain, en retournant dans mon Camp, j'emportai l'image de la belle Sauvage si profondément gravée dans mon cœur, qu'il me fut impossible de pouvoir rendre le calme à mon esprit. Puisque mes Soldats, disois-je, en moi-même, ont formé la résolution de demander aux Quacacites de leur donner leurs filles en mariage, pourquoi, pour

pour achever de cimenter la paix parmi les Nations différentes de cette Isle, ne pourrai-je pas demander Alzire, qui sera le nœud d'une alliance éternelle ? Puis-je trouver quelque fille dans cette Contrée plus digne de ma tendresse ? Et puisque je n'ai pu défendre mon cœur de devenir sensible, dois-je rougir d'avouer ma défaite ? Non, l'amour n'est point un crime: c'est une passion que le Ciel donna aux hommes pour les rendre heureux ; ainsi je puis chercher tous les moyens qui peuvent servir à mon bonheur.

Mes réfléxions augmentérent mon ardeur : je voulus commencer dès le moment à songer

songer à la paix, & je chargeai *Kinsqui-Cala*, que j'envoyai auprès de Montèze pour régler entiérement les différends des Quacacites & des Troglocites, de lui demander sa fille pour moi, & de conclure mon mariage en concluant le Traité des limites.

Comme je ne doutois pas que ma demande n'eût une heureuse réussite, je crus que je devois annoncer à d'Ajouli qu'il seroit bien-tôt libre. J'ai fait, me dit-il, des réfléxions sur la conduite que j'ai tenue depuis plus d'un an: vos vertus ont arraché le bandeau qui me couvroit les yeux; elles ont montré à mon esprit troublé les égaremens où je suis tombé. J'ai résolu de me

défier

défier à l'avenir de moi-même : après les excès où je me suis porté, je dois toujours craindre qu'un revers malheureux ne m'entraîne encore vers le crime : recevez-moi parmi vos simples Soldats, c'est la seule grace que je vous demande ; je connoîtrai sans cesse auprès de vous combien je dois fuir le vice, & parmi mes anciens camarades je le retrouverai par-tout pour un cœur aussi foible que le mien. Il est trop dangereux de fréquenter des gens qui font gloire d'être criminels ; j'espére que Vaudrecourt obtiendra la même grace, & que vous aurez la même pitié pour deux amis infortunés.

Je fus sensible au repentir

de d'Ajouli : je l'affûrai que, s'il vouloit se retirer auprès de moi, je le regarderois comme mon frere, & qu'il y trouveroit tous les secours qu'il pouvoit espérer; je lui fis la même offre pour Vaudrecourt, & je ressentis même un plaisir infini de retirer ces deux personnes d'une compagnie aussi dangereuse que celle dans laquelle ils étoient.

Depuis que j'étois devenu amoureux d'Alzire, mon dessein étoit de ne faire plus qu'un seul Peuple de tous les habitans de l'Isle, de les réunir ensemble sous les mêmes Loix, & d'assûrer ainsi entre eux une paix éternelle. Quant aux Européens de d'Ajouli, je les regardois comme des hom-

hommes dangereux; mais j'étois résolu, au moindre trouble qu'ils feroient, de les punir sévérement, & de les sacrifier tous, s'ils m'y forçoient, à la tranquilité publique.

 Les soins dont j'étois occupé pour le bien de la Colonie ne pouvoient me distraire de mon amour; j'attendois avec impatience le retour de *Kinsqui-Cala.* Je ne fus pas peu surpris, lorsqu'en revenant au Camp, il m'apprit que tous les Européens, excepté Vaudrecourt, faisoient naître mille difficultés à la conclusion de la paix : que les Quacacites paroissoient la souhaiter ; mais que cependant ils n'osoient rien faire sans le consentement de leurs
an-

anciens Alliés. Frappé d'une aussi mauvaise nouvelle, je volai à la Tente de d'Ajouli. Ce que vous aviez pressenti, lui dis-je, est arrivé: Philippo & vos Soldats reculent de signer la paix; ils cherchent de vaines raisons pour éloigner cette tranquilité après laquelle nous soupirons tous. Je prévoyois, répondit d'Ajouli ce qui arriveroit; mais enfin vous devez vous consoler de la mauvaise volonté de ces mutins, puisque vous avez en main de quoi les réduire. C'est mon dessein, lui répondis-je, & je vais dès aujourd'hui leur faire sentir qu'on ne m'outrage pas impunément. Je sortis en même tems de la Tente de d'Ajouli, pour donner

ner ordre que tout le monde se tint prêt pour attaquer les ennemis ; mais, avant que d'en venir aux mains, je voulus encore tenter les voyes de la douceur, en leur envoyant un des prisonniers Quacacites, que je chargeai de rendre cette Lettre à Vaudrecourt.

LETTRE.

JE sai, brave Vaudrecourt, qu'il ne tient pas à vous que nous n'ayons la paix; mais, puisque votre bonne volonté ne peut servir de rien, annoncez à vos Soldats que le feu & le fer me feront justice de leur manque de parole. J'attends pour me déterminer la réponse qu'ils feront à ma Lettre, que je vous prie de leur communiquer.

Trois heures après que j'eus écrit ce Billet à Vaudrecourt, Philippo & un autre Européen s'approchèrent de mon Camp, & m'envoyèrent demander la permission de s'y rendre en qualité de Députés de leurs camarades; je leurs fis répondre qu'Ils pouvoient y venir en toute sûreté. Philippo en arrivant me protesta dans les termes les plus forts qu'il ne demandoit pas mieux, ainsi que tous ses camarades, de conclure la paix, & qu'il me promettoit, qu'il ne sortiroit pas de mon Camp que toutes les affaires ne fussent terminées à l'amiable. Je l'assûrai qu'il ne tiendroit pas à moi

moi qu'il n'eût tous les sujets de se louer de la démarche qu'il avoit bien voulu faire de venir lui-même presser un accord que je souhaitois avec tant d'empressement.

Philippo m'ayant témoigné beaucoup d'envie de voir d'Ajouli, qu'il n'avoit pas vu depuis qu'il avoit été fait prisonnier; je le conduisis moi-même dans sa Tente. Après les premiers discours, qui roulérent sur la paix prochaine, d'Ajouli exhorta Philippo de porter ses camarades à prendre un nouveau genre de vie. Ce Traître parut touché des remontrances de son Commandant : il lui jura, ainsi qu'à moi, qu'il étoit si fâché des excès auxquels il s'étoit porté, que pour hâter la fin d'une guerre qui les entretenoit, il étoit venu lui-même conclure la paix. Le seul desir de vous rendre la liberté, ajouta-t-il en s'adressant à d'Ajouli, eût suffi pour nous déterminer tous à rechercher la paix.

Le perfide Philippo sut si bien se déguiser, que je ne doutai point que je ne fusse arrivé à cet instant heureux, que j'avois si fort souhaité. Cependant, comme la nuit approchoit, & que nous n'avions point encore pu régler tous les Articles, ne voulant plus différer de finir entiérement, je proposai à Philippo de passer la nuit dans le Camp; c'étoit ce que souhaitoit le traître, qui n'avoit cher-

cherché à gagner du tems que pour avoir ce prétexte. Quand il vit que tout réussissoit au gré de ses desirs, il songea à exécuter le crime qu'il avoit médité.

Lorsque je fus retiré dans ma Tente, au lieu de me coucher, je me livrai à mille réfléxions que ma passion me faisoit faire; j'y étois comme plongé, & je ne pensois guères au péril qui me menaçoit. Cependant sans cet amour, qui m'avoit d'abord fait tant de peine, & qui m'empêchoit pour lors de dormir, j'eusse péri cette nuit. Le malheureux Philippo, profitant des ténèbres, s'étoit avancé jusqu'auprès de ma Tente, & sans être entendu par la Sentitinelle, qui étoit à la porte, il avoit défait par le côté opposé plusieurs piquets. Lorsqu'ils vit qu'il pouvoit passer par l'ouverture qu'il avoit faite, il voulut en se traînant sur le ventre se glisser sous la toile : le bruit qu'il fit m'ayant tiré de ma rêverie, je me levai de mon lit ; j'appellai la Sentinelle, & saisissant mon épée je sortis dans l'instant de ma Tente. La Sentinelle, à ma voix, ayant regardé autour, apperçut un homme qui se sauvoit ; il appella la Garde, & le malheureux Philippo fut arrêté à cent pas de-là par des Soldats, qui accourans de tous les côtés du Camp lui bouchérent tous les passages.

Quelle

Quelle fut ma surprise, lorsqu'on me présenta ce traître! On lui trouva un poignard avec lequel il vouloit m'égorger. Comment, perfide, lui dis-je, est-ce-là la façon dont tu tiens ta parole? Tu veux m'assassiner, lorsque je te reçois comme mon ami au milieu de mon Camp, & que tu y viens sous le prétexte de conclure la paix? Tu mourras, continuai-je, traître, & rien ne pourra te garantir de ma colére. Je ne te crains point, me répondit Philippo, &, puisque je n'ai pu t'immoler, la vie me seroit à charge. Je vois que tu vas posséder Alzire: sache que c'étoit pour te la ravir que j'ai voulu rompre la paix; mais j'ai prévu que je ne ferois par-là qu'éloigner mon malheur, & qu'avec les forces que tu as tu viendrois aisément à bout de forcer les Quacacites à conclure un Traité. J'ai voulu me délivrer pour toujours d'un Rival aussi importun; je n'ai pu te sacrifier au gré de ma haine, immole-moi à la tienne. Oui, lui dis-je avec un mouvement de fureur que mon amour pour Alzire augmentoit, tu serviras d'exemple à tes autres camarades.

Comme j'achevois ces mots j'entendis un bruit étonnant, tout le Camp étoit en allarme: j'ordonnai à quelques Soldats qui étoient auprès de moi de garder Philippo, & je volai où j'entendois le plus de bruit.

En

En arrivant au Quartier des Troglocites, je trouvai que les Européens de d'Ajouli avoient voulu tenter de pénétrer dans le Camp par ce côté; mais que trente de mes Soldats, qui étoient accourus, au premier bruit, avoient donné le tems aux autres Troupes de prendre les armes & de les secourir.

Lorsque je fus à l'endroit où le combat s'étoit passé, les ennemis avoient déja pris la fuite, & s'étant retirés à la faveur des ténèbres, une heure après cette alerte, tout le Camp fut paisible. Philippo étoit convenu avec ses camarades, que, dans le tems qu'il m'assassineroit, ils attaqueroient notre Camp, ne doutant pas que

que la frayeur que mes Soldats auroient de ma mort, ne répandît parmi eux le desordre & l'épouvante ; mais St Cyran étant accouru au premier bruit, & ayant répandu l'avanture de Philippo, les ennemis perdirent eux-mêmes courage & se retirérent après un combat très-leger.

Dès que le jour parut j'allai voir d'Ajouli ; il savoit déja tout ce qui s'étoit passé pendant la nuit, & lorsqu'il avoit entendu l'allarme dans le Camp on lui en avoit appris le sujet. Je viens, lui-dis-je, prendre votre conseil ; que ferai-je du traître qui m'a voulu assassiner ? Et quoi ! me répondit d'Ajouli, pouvez-vous hésiter un moment à le faire périr ?

Sa

Sa mort est un exemple que vous devez à toute la Colonie ; c'est même le seul moyen d'intimider ses perfides compagnons. Vous avez raison, lui dis-je, je veux que la façon, dont j'en userai avec Philippo, étonne tous ces barbares Européens, & les fasse changer de sentimens : je veux qu'on l'égorge à la tête du Camp, & qu'on l'immole à la Vengeance ; il faut pour épouvanter les criminels se servir des horreurs qu'ils pratiquent. Lorsque j'eus assûré d'Ajouli que j'allois faire exécuter mon assassin, j'ordonnai qu'on fît prendre les armes à toute l'Armée : je fis dresser à la tête du Camp un échaffaud, fait en forme de
Pla-

Plate-forme, qui étoit vu de l'Armée ennemie; j'ordonnai qu'on y conduisit Philippo avec l'Européen qu'il avoit amené avec lui & qu'on avoit aussi arrêté. Je fis publier par tout le Camp que je voulois les faire égorger de la même maniére qu'ils sacrifioient autrefois des Troglocites à leur sacrilège Figure. On amena ces deux malheureux; ils étoient attachés & conduis par huit Européens, qui les firent monter sur la Plate-forme que j'avois fait élever. Leurs camarades & les Quacacites les reconnurent aisément : ils examinoient de leur Fort & de leur Retranchemens, quel seroit le supplice auquel je destinois ces deux traîtres : ils
n'o-

n'osoient tenter de les secourir : ils connoissoient combien mes forces étoient supérieures aux leurs, sur-tout depuis que toutes mes troupes étoient réunies; leur seul espoir étoit de se défendre à l'abri de leurs murailles.

Lorsque Philippo & son camarade furent montés sur la Plate-forme, un Européen leur annonça qu'ils n'avoient plus qu'un instant à vivre, & qu'ils alloient être poignardés avec ce même poignard qu'ils avoient porté pour me donner la mort. Je montai alors moi-même sur la Plate-forme & tenant à la main ce fer qui devoit m'ôter la vie : reconois-tu, dis-je à Philippo, cette arme ? Elle va me vanger de ta ta trahison ; j'ai voulu moi-même goûter le plaisir de la vengeance, & je vais te la plonger dans le cœur. Je ne crains point la mort, répondit Philippo, elle finira mes crimes & mes peines ; frappe, traite-moi comme je t'aurois traité si j'avois été le maître. Non, lui dis-je, je veux te faire voir la différence de mes sentimens aux tiens : ta vie est à moi, j'en suis le maître ; mais je n'ai jamais eu l'intention de t'en priver. J'ai voulu sur cet échaffaud montrer à tes compagnons combien la grandeur d'ame & la vertu sont au-dessus du crime, leur faire sentir par la crainte de ta mort toute l'horreur des barbares sacrifices qu'ils ont faits,

faits, & leur apprendre par ta délivrance à tâcher d'imiter les hommes vertueux. Je te donne la vie aussi-bien qu'à ton camarade : je fais plus, je rends la liberté à l'un & à l'autre ; retourne avec lui chez les Quacacites, & apprend-leur qui font ceux qui demandent à être leurs Alliés & qui cherchent à les rendre heureux. Si tu uses mal du présent que je te fais, je saurai t'en punir les armes à la main ; je ne te donne que deux heures pour te déterminer dès que tu seras arrivé dans ton Fort.

Pendant que je parlois, j'avois fait signe à *Kinsqui-Cala*, le seul que j'eusse instruit de mon dessein, de délier le criminel. Lorsque Philippo ne fut plus

plus attaché, j'ordonnai qu'on lui rendît ses armes & qu'on le conduisît hors du Camp. Je te vais, me dit-il, faire connoître à qui tu as rendu la vie & la liberté : je te hais si fort, que je ne veux ni l'une ni l'autre, lorsque j'en suis redevable à mon ennemi ; à ces mots il se plongea dans le sein l'épée qu'on lui avoit remise, & tomba aux pieds de ceux qui devoient le mener hors du Camp. Je meurs, me dit-il d'une voix foible, ton ennemi & ton rival : puisqu'il falloit que je te cédasse Alzire de gré ou de force, j'aime mieux quitter la vie : remercie le Ciel d'avoir augmenté ma fureur dans l'instant que je me suis percé ; sans cela j'eusse peut-

peut-être différé à me donner la mort jusqu'au Camp, & j'eusse poignardé Alzire elle-même pour te la ravir ; ne pouvant espérer de te tuer au milieu de tes Soldats, j'ai mieux aimé finir des jours qui m'importunent & dont je serois honteux de te devoir la conservation. En achevant ces mots il expira ; &, tout mort qu'il étoit, la fureur & la rage étoient encore peintes sur son visage. J'ordonnai qu'on lui donnât la sépulture & je fis renvoyer son camarade, qui fut aussi sensible à mes bontés que Philippo en avoit été peu touché. Si la faveur que vous m'avez accordée, me dit-il, fait autant d'impression sur mes campagnons qu'elle en a fait

fait sur moi, nous deviendrons bien-tôt vos plus fidèles Sujets. Souffrez que desormais je vous consacre une vie que vous m'avez si généreusement rendue. Je sai que je méritois la mort: je connois le crime auquel Philippo m'avoit engagé; mais votre vertu m'en fait encore plus sentir l'énormité. Je vais apprendre aux Européens & aux Quacacites quelle est votre générosité.

Andrea (c'étoit ainsi que s'appelloit le camarade de Philippo, tint exactement la parole qu'il m'avoit donnée. Il apprit à ses compagnons, qui avoient vu de leur Camp ce qui s'étoit passé, sans y pouvoir rien comprendre, la façon dont j'en avois agi avec lui:
le

le pardon que j'avois accordé à ces deux coupables les frappa si fort, & ils furent si touchés de ma clémence, que j'avançai plus dans un instant, que je n'avois fait depuis trois mois. Deux heures après qu'Andrea fut parti de mon Camp, je le vis revenir avec tous ses camarades sans armes, &, Montèze étant avec eux, ils me demandérent la paix. Nous voulons, me dirent-ils, vivre & mourir vos Sujets; ne nous refusez point une grace qui va nous arracher tous au Crime & nous rendre à la Vertu. J'assûrai les Quacacites & les Européens de d'Ajouli qu'ils trouveroient chez leurs nouveaux Alliés des freres toujours prêts à les aider.

O L'a-

L'amour que j'avois pour Alzire me rendit encore plus sensible le plaisir que la paix me causoit : je courus à la Tente de d'Ajouli pour lui apprendre d'aussi heureuses nouvelles ; il parut en être très-touché. Je mourrai content, me dit-il, puisque je vois votre vertu triompher du crime de vos ennemis, & les ramener dans le chemin dont ils s'étoient si fort écartés; & dans l'état où je suis, je sens que la seule consolation que je pouvois recevoir, c'étoit de vous voir maître absolu de ce Païs, avant que de sortir de la vie. Que parlez-vous, lui dis-je, de mourir ? Il faut vivre : il faut à force de vertu effacer vos forfaits passés. Non, non, me dit-

dit-il, je sens qu'il faut me disposer à mourir : l'agitation dans laquelle je suis depuis quelque tems : le sang que j'ai perdu par mes blessures ; mes chagrins, mes remords, ont si fort altéré ma santé, que je connois qu'il me reste peu de part à la vie. Depuis que je ne vous ai vu, j'ai eu deux évanouissemens, dont on a eu beaucoup de peine à me faire revenir, & peut-être ne verrai-je pas la fin de cette journée. Ce que me disoit d'Ajouli arriva bien-tôt ; comme je tâchois de le consoler & de lui donner toutes les espérances qui dépendoient de moi, sa foiblesse augmenta tout à coup. Je sens, me dit-il d'une voix foible, que je vais

vais expirer. Je prie le Dieu des Miséricordes de me pardonner mes crimes : je souhaite qu'il vous éclaire entiérement, & qu'il ne souffre pas qu'un mortel aussi vertueux que vous meure sans connoître la Religion qu'il a instituée lui-même ; j'espére que sa Grace vous découvrira un jour des choses qui jusqu'ici vous ont paru peu nécessaires. Adieu, je meurs, généreux Meillcourt, je vous recommande Vaudrecourt : il pourra vous être utile. A ces mots d'Ajouli tomba dans un évanouïssement, dont tous les soins ne purent le faire revenir ; il expira peu de tems après. Je fus sensible à sa mort: ses regrets avoient fait beaucoup

coup d'effet sur mon cœur, & ses remords lui avoient acquis mon estime.

La mort de d'Ajouli & de Philippo confirma entiérement les Européens & les Quacacites dans la résolution de me reconnoître pour leur Souverain. Ils me demandérent avec tant d'instances de recevoir desormais tous les habitans de l'Isle sous ma domination, que je crus ne devoir pas leur refuser ce qu'ils souhaitoient. Vaudrecourt, qui à la nouvelle de la mort de d'Ajouli, avoit abandonné le Fort avec le reste des Quacacites pour se rendre dans mon Camp, acheva de me persuader. Vous nous allez desormais rendre tous vertueux, me dit-il, & nous compterons de n'avoir jamais été heureux, que lorsque nous aurons été vos Sujets.

Après que les Quacacites (en mettant la main sur leur poitrine, ce qui servoit chez eux d'assûrance de leur parole) eurent prêté le Serment de fidélité, je demandai à Montèze Alzire pour épouse : il ne balança pas à m'accorder la faveur que je lui demandois. A mon exemple, tous mes Soldats épousérent des filles des Quacacites, ou des Troglocites ; & après avoir campé quelque tems auprès de la Forêt, où ces derniers s'étoient réfugiés avec leurs familles, j'ordonnai à mes nouveaux Sujets de se rendre tous au Fort de de la Colonie. J'y arrivai avec l'Armée, & mes Soldats que j'y avois laissés furent charmés de me revoir. Je passai les premiers jours à donner les ordres nécessaires, pour tracer l'enceinte d'une Ville; & pour régler mon nouvel Etat, je distribuai les Terres. Je donnai à chaque famille les Outils dont ils avoient besoin pour bâtir des Cabanes; &, en moins d'un mois, je vis une nouvelle Ville à laquelle l'ancienne servoit de Citadelle.

La fortune acheva de favoriser mes desseins : je découvris dans la Campagne une Mine de fer très-abondante; elle me fut d'un grand secours, & je ne craignis plus de manquer desormais de tout ce qui étoit

étoit nécessaire à la Société. Nous avons, dis-je à mes Soldats, tout ce que nous pouvons souhaiter : une Mine d'or nous eût été inutile : elle n'eût servi qu'à corrompre nos mœurs, mais le fer assûre notre tranquilité ; il nous donne le moyen d'avoir en abondance les Instruments dont nous avons besoin pour cultiver nos Champs, & pour les défendre contre ceux qui voudroient nous les enlever.

Je divisai mon Peuple en deux seuls états différens, en Soldats & en Laboureurs. Le nombre des premiers étoit beaucoup moins considérable que celui des autres, parce que je me flattois de trouver au besoin, dans l'amour qu'ils avoient

avoient également pour leur Patrie & pour leur Ville, les ressources que j'aurois trouvées dans les Soldats, & que l'Agriculture est le premier bien des Etats disciplinés.

Je ne me souciai point d'avoir aucun Négociant, qui pût, en attirant des richesses parmi le Peuple, en corrompre les mœurs & la simplicité : le Païs fournissoit abondamment de quoi nourrir & vêtir ses habitans ; les autres biens n'eussent servi qu'à multiplier les besoins de la nature. Que faut-il aux hommes que la tranquilité & le nécessaire ? le superflu les rend mous & efféminés, & les accoutume à une paresse qui tôt ou tard leur devient nuisible. Le

Commerce n'est avantageux qu'à un Peuple qui ne peut subsister par les fruits & les grains qu'il retire de son Païs, ou aux Nations qui, ayant la vaine ambition de faire des conquêtes, ont besoin d'amasser des tresors pour les employer à la perte & à la destruction de quelque autre Nation. Mais, loin de faire des incursions dans les Isles voisines, je résolus de vivre autant qu'il se pourroit dans une paix profonde. Dès que nous n'aurons ni or, ni argent, dis-je à mes Sujets, personne ne voudra avoir rien à démêler avec nous ; on ne fait point la guerre à des Peuples qui n'ont que du fer, & qui, jaloux de leur liberté, ne veulent

lent ni servir, ni rendre les autres esclaves.

Dans les Loix que je faisois Vaudrecourt m'étoit d'un grand secours : il me fournissoit plusieurs expédiens pour les rendre très-utiles ; mais ce qui me fut le plus avantageux, c'est qu'il me fit connoître la nécessité d'établir dans ma Colonie un Culte déterminé. La Religion, me disoit-il, est la base & le fondement d'un Etat ; sans elle, il est impossible que les Sociétés puissent subsister. Si vos Sujets voyent que vous n'avez qu'une Religion vague & incertaine, ils feront gloire de vous imiter, & bien-tôt la croyance de cette Divinité, de l'existence de laquelle vous êtes persuadé

suadé, s'évanouïra parmi eux: le Peuple va toujours à l'extrême : il faut un frein qui l'arrête dans toutes ses actions; & la Religion est le plus indomptable. Dès qu'elle ne régne point dans un Païs, le desordre & la confusion y dominent; du Déïsme à l'Athéïsme, il n'y a qu'un seul pas à faire. Je conviens qu'un Philosophe, qui raisonne sensément, ne fait jamais ce pas; mais le Peuple est incapable d'examiner les choses, & dès qu'il voit ses Supérieurs n'avoir point de religion, il s'emporte aux excès les plus vicieux, & va beaucoup plus loin qu'eux.

Considérez que, puisqu'il est un Dieu Créateur de l'Homme,

me, qui punit les méchans & récompense les bons, il faut nécessairement qu'il ait appris aux hommes de quelle façon il vouloit être honoré, & qu'il leur ait dicté leurs devoirs. Je sai que vous pouvez dire que la Loi Naturelle est écrite dans tous les cœurs; mais cette Loi Naturelle ne suffit point à l'Homme: les passions l'offusquent: il ne lit dans son cœur qu'au travers d'un voile épais; il faut, pour le conduire, une Règle plus sûre, & cette Règle est marquée par la Religion.

Des raisons aussi fortes me firent faire des réfléxions sur moi-même. Mais quelle est, demandai-je à Vaudrecourt, la Religion que la Divinité a dictée?

tée ? Il n'eut pas de peine à me persuader que c'étoit la Catholique. Il me fit voir avec tant de clarté l'accomplissement des prophéties, que je compris qu'il falloit être fou pour croire que le Hasard eût fait arriver un aussi grand nombre d'accidens, qui cadrassent si bien avec ce qui avoit été prédit tant de siècles auparavant. Voyez, me dit-il, qui sont ceux qui ont établi le Christianisme : douze pauvres Pêcheurs. Pensez-vous qu'ils prêchassent les plaisirs, la joye, les richesses ? Point du tout, ils commandoient de suivre une Morale rigide. Cependant ils convertissoient des millions d'Ames ; la Tyrannie des Empereurs Ro-

Romains, qui fit périr tant de Chrétiens, ne servit qu'à en augmenter le nombre, & la mort d'un Martyr convertit mille Payens. Voyez si ces accidens peuvent arriver sans que la Divinité les ordonne.

La seule chose, répondis-je à Vaudrecourt, qui me fasse encore quelque peine, c'est la diversité des Sectes qui sont dans le Christianisme. Sans vous embarasser, me dit-il, dans de vaines disputes; embrassez le parti le plus certain. Avant que les Chefs de ces Sectes eussent écrit, le Christianisme subsistoit sans doute: adoptez les opinions que vous voyez soutenues par les anciens Peres de l'Eglise. Plusieurs d'entr'eux avoient presque vu les Disciples du Fils de Dieu : les autres avoient appris la Religion de ces premiers ; n'est-il pas plus probable qu'ils savoient mieux certaines choses, & qu'ils étoient plus au fait de quelques difficultés, que des Docteurs qui sont venus quinze cens ans après, & qui même n'ont pu s'accorder entr'eux ?

Je me rendis à ses raisons ; mais la seule chose qui me faisoit de la peine, c'étoit les excès où s'étoient souvent portés les Catholiques Romains. Il semble, lui dis-je, que dans une Religion instituée par la Divinité il ne doit point y avoir de tyrannie :

nie : il faut éclairer les cœurs par des raisons, & ne pas épouvanter par des châtimens étonnans ceux qu'on veut convertir ; Dieu peut-il approuver les infâmes Tribunaux de l'Inquisition, les sanglantes catastrophes de la Journée de St. Barthelemi, les crimes que les Moines ont commis & commettent encore tous les jours ? Non, me répondit Vaudrecourt, non-seulement Dieu n'approuve point ces erreurs ; mais elles sont condamnées expressément dans la Loi qu'il nous a donnée. Les premiers Peres de l'Eglise, & les bons Catholiques d'aujourd'hui pensent que toutes ces proscriptions sont contraires à la Religion, mais il faut distinguer la Morale fondamentale d'une Religion d'avec la conduite de quelques Moines furieux ; les crimes de quelques Particuliers ne doivent point retomber sur le fond d'une Croyance reçue par tant d'honnêtes gens qui desapprouvent le vice.

Vaudrecourt prit tant d'empire sur mon cœur, que je ne pus m'empêcher d'adopter ses sentimens. Je me fis Catholique Romain, &, environ un an après, j'eus l'agrément de voir que tous les Troglocites & les Quacacites avoient embrassé la même Religion. Je ne violentai cependant jamais aucun de mes Sujets, & je renouvellai la Loi qui permet-

mettoit à chacun l'exercice de sa Religion; mais pour asfûrer une tranquilité perpétuelle dans l'Etat, ayant pris la résolution, s'il arrivoit un Vaisseau, d'avoir des Prêtres Européans, j'ordonnai qu'il ne pourroit y avoir dans l'Isle que des Curés & des Ecclésiastiques, sans qu'il fût permis à aucun Fainéant & aucun Brouillon de s'y introduire sous le nom & l'habit de Moine. Cette Loi devint la plus respectable & la plus inviolable dans l'Isle. Un Vaisseau François qui aborda deux ans après la fondation de la Ville, nous laissa un Aumônier, & dans la suite on nous envoya de l'Europe plusieurs
Prê-

Prêtres Séculiers, qui firent autant de bien dans l'Isle que les Moines y auroient causé de maux.

Fin de la troisième & derniére Partie.

www.ingramcontent.com/pod-product-compliance
Lightning Source LLC
Chambersburg PA
CBHW060456170426
43199CB00011B/1227